牛津非常短講 010

A Very Short Introduction

Stuart Vyse

SUPERSTITION

賴盈滿　譯

史都華・維斯

迷信

獻給我的父母：諾瑪・維斯（Norma M Vyse）和亞瑟・維斯（Arthur F. Vyse, 1926-2010）

目次

配圖列表

Collection of the Indiana State Museum and Historic Sites.）

9 美國賭城拉斯維加斯一家旅館的電梯面板，其中少了十三樓。（Susan Gerbic/Wikimedia Commons.）

10 土耳其「惡魔之眼」玻璃。（Alborz Fallah at English Wikipedia）

11 驅趕馬洛奇歐的角墜護身符。（© Assafn/Wikimedia Commons/CC-BY SA 4.0）

12 二〇〇七年益普索莫里和《肖特年鑑》進行英國成年人信仰調查的部分結果。（民調由益普索莫里和肖特進行電話專訪完成，時間爲二〇〇七年十月五日至七日，https://www.ipsos.com/ipsos-mori/en-uk/survey-beliefs）

13 二〇一四年哈里斯民調公司調查美國成年人相信各種迷信的人數比例。（二〇一四年二月，哈里斯民調第二十、第二十七號。
民調方法：哈里斯民調公司於二〇一三年一月十五至二十日在美國境內進行線上民調，樣本總數爲兩千兩百三十六位十八歲以上的成年人。年齡、性別、種族、教育程度、地區和家戶所得均經過必要加權，以符合實際人口比例。受訪者上網傾向則以傾向分數加權加以修正。

所有樣本調查和民調，不論是否使用機率抽樣，都可能出現多種誤差，通常無法量化或估計，例如取樣誤差、涵蓋誤差、無回應誤差、問題陳述與回應選項誤差，以及調查後加權及修正誤差。因此，哈里斯民調公司不使用「誤差範圍」一詞，以免誤導之嫌。能計算的只有在純粹、無加權之隨機樣本，以及回應率百分之百的情況下，各種可能的取樣誤差的發生機率。所得數字純屬理論，因爲沒有任何已發表的民調能接近這個理想狀態。

受訪者均由同意參與哈里斯民調者當中選出，資料則是經過加權，以反映成年人人口組成。由於樣本來自同意參與調查的受訪者，因此無法計算理論抽樣誤差。）

前言

出版社找我寫《迷信》這本小書，我感到相當榮幸，但接下來該怎麼做卻有些難住我了。迷信是個聊不完的迷人話題，相關書籍和學術文章汗牛充棟，只是沒有一本涵蓋迷信的所有樣貌。本書各章所談的主題都曾刺激了不少好書出版，感興趣的讀者可以參閱書末的延伸閱讀書單，但從來不曾有一本書（不論長短）完整交代迷信的來龍去脈。因此，這本小書肩負重責大任。要將如此浩瀚的主題塞進一本口袋書並不容易，幸好，迷信的歷史幫了我一把。迷信的發展有許多轉折，但從文明之初延續至今，背後始終有個一致的脈絡。就如同本書將會呈現的，過去人之所以迷信的理由，大部分在今日依然可見。

人類對迷信如此著迷，部分原因在於迷信難以理解（mystery）以及伴隨著迷信的矛盾（paradox）。光是置身一種文化之中就能學到不少帶來好運的儀式，其中許多還很繁複，但我們往往不清楚這些迷信的起源。本書第四章將會列舉一些最常見的迷信，並簡述其由來。

迷信充滿矛盾，所以信的人才會那麼多。在這個科學成果無所不在的世界，爲何仍然有人相信魔法的力量？心理學家花費大把時間試圖找出答案，而我將在第五章概略介紹他們的發現。

最後，本書第六章將探討迷信的未來。魔法思維短期內不會消失，而它對商業市場的影響只有與日俱增。我將在最後一章思考未來數十年，迷信對我們的社會可能會有什麼影響。

致謝

非常感謝以下幾位同行閱讀本書初稿，並提供很有幫助的評論：阿德勒（Eric Adler）、阿契姆斯（Joseph Alchermes）、費德曼（Simon Feldman）、麥芒（Yibing Huang）、馬丁（Dale B. Martin）和其他匿名評論者。特別感謝派克斯頓（Frederick Paxton）從一開始就給了我很好的建議。我還要感謝家人朋友的寶貴支持與包容，像是艾蜜莉．維斯（Emily Vyse）、葛拉罕．維斯（Graham Vyse）、諾瑪．維斯（Norma Vyse）、凱斯．維斯（Keith Vyse）、Kayo Nonaka、艾倫吉（Gabby Arenge）、琳恩．卡拉漢（Lynn Callahan）、傑夫．卡拉漢（Jeff Callahan）、漢默（Langdon Hammer）、戈斯曼（Uta Gosmann）、葛林伯格（Gary Greenberg）、徐司金（Perry Susskind）、普拉默（Kevin Plummer）、史通納（Gary Stoner）、艾力克斯．海伯（Alex Hybel）、簡恩．海伯（Jan Hybel）、希瑟（Lee Hisle）、沃森（Julie

Worthen）、蓋伊（Robert Gay）、史托姆斯（Sherri Storms）、派克斯頓、馬里夏（Sylvia Malizia）、莫林（Ross Morin）、費德曼、史提威爾（Kim Stillwell）、瑞德（Michael Reder）、傑夫（David Jaffe）、波吉亞（Rachel Boggia）、克勞馥（Lindsay Crawford）、坎貝爾（Bill Campbell）、戈登伯格（Kira Goldenberg）和德瑞爾（Rachal Dreyer）。謝謝我的文學經紀人裴冰（Jessica Papin）給我必要的指導，並感謝牛津大學出版社的基岡（Andrea Keegan）、努基（Jenny Nugee）、普里查（Edwin Pritchard）、麥卡錫（Dorothy McCarthy）和加尼山（Kayalvizhi Ganesan），和他們共事非常愉快。

第一章 迷信的由來

坐飛機時，你會避開第十三排。你舅舅口袋裡隨時帶著幸運石。朋友為了賣房子，特地在前院埋了一小尊塑膠製的聖若瑟像，希望買家快點上門。迷信不是什麼會大肆吹噓的事，但只要瞧瞧身邊左右，就會發現迷信離你不遠。即使來到現代社會，迷信依然沒有消失，這似乎既荒謬又不理性，但迷信就是持續存在。就算人類對宇宙、自然和疾病的了解迅速增加，仍然有證據顯示迷信不減反增，就連教育程度最高的人也抗拒不了迷信的力量。

迷信的概念已經存在了數千年，卻始終沒有公認的定義，至今猶然。但我們分辨得出來——就像上一段提到的例子那樣。若說迷信有什麼單一不變的意涵，應該就是一種不可以、不贊成。幾乎從有這個詞彙以來，說某人迷信就算不上是一種恭維。綜觀其漫長的歷史，迷信就是個相對的概念，本身沒有固定意義，總是相對於某個更爲人所接受的世界觀而存在。只要治理者和信仰體系一變，迷信這個標籤就會換貼在另一群人身上。因此，迷信史基本上就是迷信這個詞及其用法演變的故事。迷信的概念起源於古希臘，至少可以回溯至西元前四百年，而其後兩千年，迷信一直和菁英階級青睞的宗教習俗相對立。即便至今，這個詞往往被用來指稱我們視爲魔幻或超自然的儀式，而且其中多數都仍以各種變形存在於我們周遭。

古代世界的魔法、預言及占卜

許多古代文化中，薩滿、修士僧侶、巫師或先知都會向百姓提供預言與魔法。其中一些薩滿部分的工作會靠放血、吸菸或服食迷幻蘑菇進入出神狀態。

商朝（約西元前一五六〇—一〇五〇）的占卜由王室成員進行。這些薩滿能和死後的亡靈溝通。他們接受酒食供奉，將問卜者想請教鬼神之事刻在獸骨或龜甲上，然後加熱獸骨或龜甲直到出現裂痕。一般認爲，動物的魂靈會將問題帶到天上，詢問人類的先祖或神明，而獸骨或龜甲上的裂痕便是線索，透露未來會發生什麼，問卜者又該如何應對。

《易經》記載了中國最有名的占卜法，英文將它直譯爲變化之書（Book of Changes）。書裡記載占卜者使用五十根蓍草風乾而成的筮桿，隨機排出由六條線段或斷線組成的卦爻（見圖1），而每個卦爻都有對應的繫辭。最早的《易經》最初的版本出現在西元前一千年，寫在由竹片連綴成的簡牘上。《易經》在中國廣泛使用了數千年，直到今日還有人鑽研。知名瑞士精神科醫師榮格（一八七五—一九六一）對《易經》非常著迷，因爲他相信擺弄蓍草可以打開通往占卜者潛意識的

圖1｜《易經》中的六爻屯卦。

大門。

英語古字「mage」（法師）源自古波斯語的「maguš」，而現代英語的「magic」（魔法）一詞也是來自這個古字。法師在古波斯是專門占卜的智者，方法包括解夢、占星、觀鳥（觀察鳥的飛行來預言吉凶）和招魂（和死者溝通或召喚死者）等等。西元前五世紀，古希臘劇作家埃斯庫羅斯寫出了《波斯人》，劇中就有一群波斯長者高歌招魂，召喚現任君王薛西斯大帝的父親大流士一世現身。大流士一世果然出現，表達他對兒子做人傲慢的失望，並預言他將戰敗沙場，結果確實如此。

古埃及時代，魔法和政權、宗教密不可分。法師絕大多數是祭司，很少是自立門戶的術士或薩滿。古埃及神廟裡的祭司通常會施展魔法。根據殘存的古埃及魔法紀錄，身兼法師的祭司會唸咒求神祇相助，其中最有名的就是拉美西斯二世（西元前一二七九—一二一三）和伊斯諾弗萊特王后的四子哈姆瓦塞特。他是知名祭司，也是魔法器物的蒐藏者，藏品包括威力強大的護身符。他甚至擁有一間魔法圖書館。

希臘神話和歷史裡充滿了先知、神諭者及靈視者，擁有各種眩目的法力。索福克里斯的悲劇《伊底帕斯王》中，盲眼先知泰瑞西亞斯預言伊底帕斯將殺死底比斯的前任國王。伊底帕斯先是否認，嘲弄泰瑞西亞斯是乞丐術士、唯利是圖的騙子，後來卻發現這位盲眼先知說得沒錯，且底比斯的前任國王萊俄斯其實是他父親。

多位學者表示，西元前六世紀的希臘哲學家畢達哥拉斯不只發現了畢氏定理，還擁有多種超自然力量。據稱他和某些文化中的先知一樣造訪過地下世界，從此擁有特殊的智慧。他也展現過分身術，同時出現在兩座城市。還有人說他擁有控制大自然的神奇力量，不只能預測地震，還能平息瘟疫、冰雹與巨浪。

柏拉圖在《理想國》裡，將乞丐術士描繪成向富人拿錢辦事的卑劣之徒。每當有客人做出不法的勾當，他們就會用獻祭或咒語補救。在柏拉圖眼中，這還不是最差勁的。更糟的是當有錢人遇到敵人或對手，這些流浪先知就會用咒語或詛咒傷害對方，而不管這些懲罰是否正當。

古代有許多薩滿、巫師和法師宣稱擁有治病的特異功能，有時甚至敢和名醫叫陣。根據現存的莎草紙手稿，古埃及人已經擁有大量醫學知識。儘管只會幾種手術，他們卻已發展出不少移除骨頭碎片和處理傷口的技術，並懂得使用特製膏藥與藥物，通常以血液或排泄物爲材料。不過，祭司和醫師除了治病療傷，也會畫符與施咒。有些祭司身兼弄蠍人，宣稱可以使喚蠍神，保護病人免於蛇咬及蠍螫；有時會以咒語搭配實際的治療，例如燒傷和創傷除了用蜂蜜處理，通常還會加上「蜂蜜咒語」以防傷口感染。要是沒有既定療法，魔法就更常被用上了，例如一般接骨不會使用魔法，治療頭痛則會。

古希臘有一本書，據傳是名醫希波克拉底（約西元前四六〇—三七〇）所作，但作者應該不是他。書中嚴厲批評乞丐術士，指責他們是騙子，謊稱自己可以左右神祇。在這位作者眼中，乞丐術士不以參拜、獻祭和祈禱這類傳統的敬拜儀式接觸神祇，卻是妄稱生病是神祇作祟，而他們有能力影響神祇。反觀這位作者，他主張沒有哪一位神祇會直接用疾病干預人類，眞正虔敬的希臘人不會嘗試左右神祇，頂多使用傳統的方法表達虔誠。當然，既有醫術和乞丐術士使用的方法往往很難截然劃分，因此這類希波克拉底式的批評，可以視為一場古代的專業地盤之爭。

總體而言，古希臘羅馬的著作家瞧不起魔法和施魔法的人，常視魔法為一種外力入侵，是被外地人帶進他們社會的。西元一世紀的羅馬作家老普林尼就主張魔法源自古代波斯的祆教徒。與此類似，在古希臘羅馬人眼中，埃及尤其是魔法的沃土。古埃及人使用莎草紙，加上細緻的木乃伊製作手法與葬禮，在在令希臘人倍覺奇特神祕，彷彿對方擁有某些玄祕的知識。就如同「乞丐術士」這個稱號所暗示的，女巫與薩滿常常跟底層階級連在一起，作家蒲魯塔克等人更奚落薩滿，指出他們身上的明顯矛盾。既然他們有能力帶來好運，怎麼還會過得如此窮困？

詛咒與束縛咒語

除了需要中間人才能施行的魔法，古代人通常還會一些自己就能施行的超

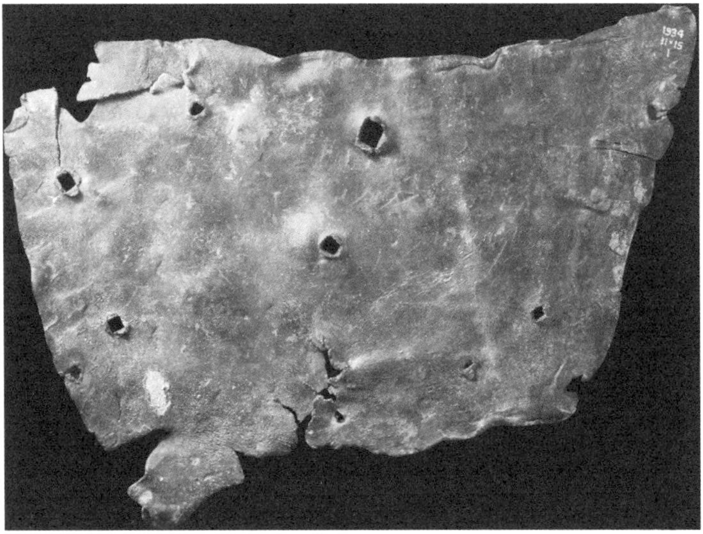

圖2｜倫敦出土的詛咒鉛板。

自然儀式。由於詛咒和束縛咒語需要搭配用具，而不少用具過了幾千年仍然留存下來，使得我們對於這些詛咒有相當了解。所謂束縛咒語，就是用來束縛或限制某人行爲的詛咒。已知最早的束縛咒語出現在西元前六世紀，並一直持續到西元頭幾個世紀。

現存的束縛咒語用具當中，以鉛板最常見（見圖2）。鉛很柔軟，價格便宜，又容易軋成便於書寫的薄片。古人會用青銅針將咒語刻在鉛板上，而且經常兩面都刻，再捲起來用釘子戳穿。其中不少看起來都出自專業謄寫員或法師之手，其餘則是業餘之作。

有時候束縛咒語會搭配共感魔法（sympathetic magic），也就是和巫毒教一樣使用人偶，而人偶應該多半出自法師之手。這些人偶由陶土、黃銅或蠟塊製成，形象往往就是受到詛咒的對象，雙手被綁在身後。巴黎羅浮宮就有一尊女人陶偶，身上插著許多銅針（見圖3）。這尊人偶是在一只陶罐裡發現的，旁邊有一片鉛板，上頭用希臘文刻著愛情咒語。和其他愛情咒語一樣，這麼做的目的是讓人偶對應的那個人愛上施咒者或不要移情別戀。儘管人偶身上通常插

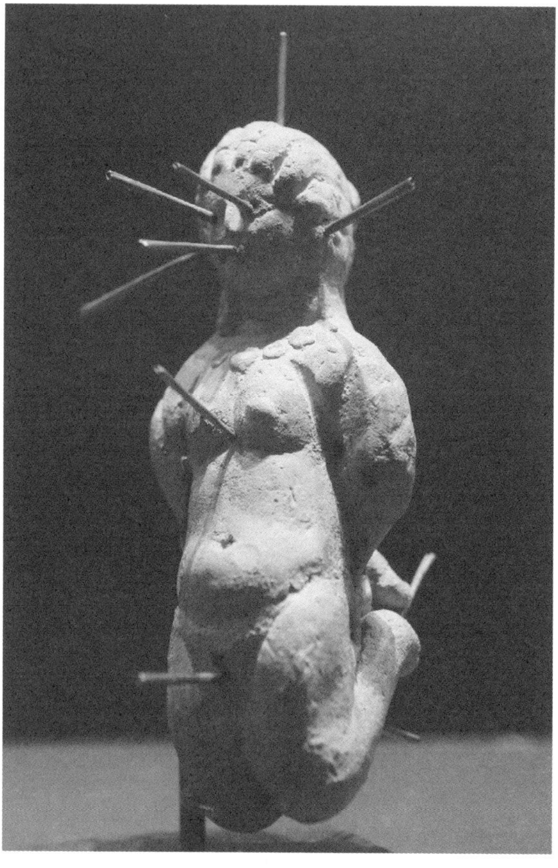

圖3｜束縛咒語用的陶偶。

著針，目的卻不是傷害或殺害對方。根據記載在古埃及莎草紙上的符咒指南，每插一根針就要唸一次咒語：「我在某某肚子插一針，這樣她就只會想著我。」

由於墓地是通往地下世界的入口，因此施咒用的鉛板與陶偶常擺在墓穴或棺木裡。鉛板上的文字則大多是祈求神祇（主要是荷米斯和波瑟芬妮）、魔鬼或祖先實現施咒者的願望。束縛咒語主要是爲了傷害對方，但不至於將對方置於死地。古埃及、希臘和羅馬人使用這類法術有幾種目的，其中最常見的包括：攻擊生意對手好讓自己在市場上成功；壓制某位運動員或公衆人物的表現；拆散別人（讓心上人脫身）好占有對方或引發對方好感；或確保訴訟有滿意的結果。

在現存的詛咒鉛板中，有一塊是讓兩位跑者綁手綁腳，「四肢沒力又沒勁」。此外，這塊鉛板還祈求魔鬼讓競爭者徹夜失眠，比賽前沒東西吃。古希臘人除了替心儀的運動員詛咒對手，也蠻常詛咒參加戲劇比賽的演員，好讓自己喜歡的演員勝出。

愛情咒語往往和三角戀有關。施咒者希望拆散某對戀人，好讓心儀對象擺脫束縛來到自己身邊。有一塊西元前三或二世紀的鉛板，當初被人埋在某位名叫塞奧納斯托司的古希臘人的墓穴裡，用意在驅趕情敵佐伊洛斯，並吸引安色拉的注意。咒語很長，但有一段特別兇狠：「就像你，塞奧納斯托司，你的手腳身體不再聽你使喚……但願安色拉對佐伊洛斯、佐伊洛斯對安色拉也同樣不聽對方使喚。」其他咒語則懇求神祇或其他神聖媒介（intermediary）阻止意中人愛上別人，或和自己以外的對象交歡。

古希臘人使用詛咒鉛板的目的，似乎以訴訟獲勝爲最大宗。在雅典，公民必須出庭爲自己辯護，而訴訟相關的詛咒鉛板通常在判決前寫好，主要召喚荷米斯等神祇插手，好讓對手或對手的辯護人在庭審時笨口拙舌。假設某人平常能言善道，出庭時講話卻結結巴巴，通常會被認爲有人下咒。

使用詛咒鉛板最有意思的例子，來自英國巴斯的蘇利斯－米娜瓦神殿挖掘到的一百三十片鉛板。西元一至四世紀，英格蘭南半部由羅馬帝國統治，包括現在的倫敦。由於巴斯有溫泉，因此早在羅馬人征服此處之前，英國人就蓋了一座祭拜凱爾特神祇蘇利斯的神廟，並興建了公共澡堂。後來，羅馬人將蘇利斯和他們自己的智慧女神米娜瓦連結起來，澡堂也持續營運了幾百年。

專家分析巴斯的詛咒鉛板，發現鉛板上寫的是拉丁文，而且目的幾乎都是爲了懲罰盜賊。上澡堂通常會遇到一個問題，這個問題在古代很普遍，不只發生在巴斯，那就是竊取衣服和財物。沐浴者光著身子從水裡出來，結果發現衣物在他們離開時不見了，那種感覺肯定又氣又急。而在巴斯，顯然有人在澡堂附近擺攤，販售家庭手工製作的詛咒鉛板，靠沐浴者的怒氣賺錢。其中一個比較狠毒的詛咒，來自銀戒指被偷的人，內容翻譯如下：

> 巴西利亞承諾會將（她的）銀戒指獻（給）戰神馬爾斯，只要（某某）——不論他為奴隸或自由人——偷了戒指或知情（此事），卻保持沉默或知情不報，（他的）血液、眼睛與四肢都會受到詛咒，甚至腸子都會被吃掉。

在離開詛咒鉛板和束縛咒語這個主題之前，還有件事值得一提，那就是古代許多束縛咒語都會搭配共感魔法。共感魔法的概念由蘇格蘭人類學家弗雷澤爵士（Sir James George Frazer）於其一八九〇年出版的多卷本名著《金枝》中提出，他指出共感魔法有兩大法則：相似和感染。感染法則認爲，兩個物體只要接觸過，就算分開也會保持關聯，例如有些咒術在製作人偶、陶俑或塑像時會使用詛咒對象的血液、頭髮或指甲，以便施展感染魔法。

相似法則是指外觀類似的事物彼此會有連結。當束縛咒語搭配人偶時，人偶通常會被做得很像施咒對象，好讓相似法則發揮作用。此外，鉛板上的咒語通常也會提到鉛板本身（或咒語的其他方面）和預期效果的相似性。先前提到的愛情咒語就是將鉛板擺在屍體旁邊，和咒語想達成的效果連結起來；其他咒語則會提到鉛本身，例如「就像鉛冰冷又無用，但願某某也變得冰冷與無用」。

共感魔法的這兩大法則將在迷信史上反覆出現，且直至今日，重要性依然不減。

過度虔誠是迷信

說了這麼多古代的神話、預言與魔法，你或許會認爲，迷信的概念始於將某些宗教或魔法行爲定調爲異端。衆人公認的宗教敬拜儀式，甚至包括某些今日被視爲迷信的儀式，有可能被視爲虔誠的表現，當然也可能正好相反。

其實，迷信的概念並不是這樣產生的。儘管之前提過，古代許多魔法都被視爲危險和異端，但最早的迷信概念並非誕生於此，而是對某類宗教崇拜的貶詞。

英文「superstition」（迷信）這個字拐了許多彎才變成我們現在熟知的意思。它源自拉丁文的「*superstitio*」，由字根「*stare*」（站立）和「*super*」（之上）組成，意思爲「立於其上」，有時引申爲敬畏地立於某物之上，暗示某物被賦予過度、不應得的權力或敬畏。但這樣講又有點太快了。迷信的概念始於希臘文的「*δεισιδαιμονία*」。這個字於西元前四世紀是褒詞，意思是「對宗教事務敬小慎微」，但一個世紀後開始出現負面意涵，愈來愈接近我們現代人對這個詞的理解。哲學家泰奧弗拉斯托斯（西元前三七一－二八七）寫過一本書，書裡簡略描繪了三十種雅典街頭常見的人；有些描繪得很幽默，但全都很精準。其中第十六種人是「迷信者」，這種人「對神膽怯」。

迷信者會在三道泉水裡洗手，用神殿聖水池的水潑灑自己，將月桂枝放進口中，然後才會開始一天的生活。

問題不在迷信者的儀式與信仰有誤、不恰當或異類，而在他做過頭了，不知節制。此外，迷信者的儀式往往來自對神的錯誤恐懼。根據於希臘文「*δεισιδαιμονία*」一詞的早期意義，我們不難看出這個詞譯成拉丁文會是「*superstitio*」，過度敬畏或恐懼神。三百年後，希臘傳記作家蒲魯塔克（約四六－一二〇）寫了一篇隨筆〈論迷信〉，文中主張迷信比不信神更糟，因為「不信神的人認為沒有神；迷信的人希望沒有神，卻不由自主相信有神；因為他怕得不敢不信」。當時的人普遍認為有神，而且對人類生活的影響無所不在，但神基本上是仁善的，毋須畏懼。蒲魯塔克認爲，雖然不信神的人經常被控不虔誠，但迷信的人更有錯。

希臘古典時期（西元前四七九—三二三）的醫學觀及社會結構觀，進一步鞏固了哪些崇拜和神祇觀念是正確、哪些是不正確的看法。希波克拉底就和當時許多相信生病是神的旨意的希臘人意見相左。在隨筆《論神聖疾病》中，希波克拉底批評「巫醫、靈療、郎中和江湖醫生」宣稱癲癇（卽神聖疾病）是神祇對人的「神聖復仇」，要靠淨化儀式（例如用獸血沐浴）和其他咒語討神祇歡心，才能治好頑疾。希波克拉底認爲疾病背後有神祇作用，就像世間萬物都有神祇作用那樣，但神祇的影響比那些靈療師指稱的更隱微，也更良善。他反對神祇有讓人生病的性格，「我個人認爲，人體不可能受神祇汙染，因爲最汙穢之物不會被最純粹之物汙染。」

希臘哲學家蘇格拉底和亞里斯多德進一步鞏固了這種觀念：畏懼神祇是沒有意義的，因此獻祭和淨化儀式也無必要。據柏拉圖記載，蘇格拉底表示，既然神祇無比蒙福，那麼理當極具德性。這是因爲沒有德性就得不到幸福，所以神祇一定兩者兼具。既然神祇有德性，自然不會刻意傷人，人也就沒有理由畏懼神祇。亞里斯多德則是從自然的目的論支持這個論點。事物之所以如其所是，因爲這是既有限制下最好的安排。例如，雖然有思想家認爲人有雙手顯示人有智慧，亞里斯多德卻認爲人有智慧所以才被賦予雙手。人和動物各自長成如此這般，因爲這是最好的安排。不這樣認爲就是迷信。最後，蘇格拉底和亞里斯多德都支持宇宙有階級之分，神祇和英雄是最高級，人類次之，動物最低。同樣的階級觀延伸到社會地位，不受「δεισιδαιμονία」左右的哲學家地位最高，出於畏懼而迷信的一般人次之。儘管不乏反例，刻板印象也不全然正確，但甚至直到今日，一般人的刻板印象依然認爲，迷信是教育程度較低的階層的專利。

異邦邪教是迷信

到這裡，距離我們現今對迷信的理解還有好一段路。下一步是將希臘文的「δεισιδαιμονία」譯成拉丁文的「*superstitio*」，也就是現代英文「superstition」

（迷信）的字源。起初「*superstitio*」保留了出於畏懼的虔誠的意思。「*superstitio*」就是過度沉迷於「*religio*」（宗教）。例如西元前一世紀中葉，羅馬政治家西塞羅（西元前一〇六—四三）就曾用這個詞形容「整天禱告獻祭，好讓子孫活得比自己久的人」。此外，他也寫道，迷信「意味著無端畏懼神祇」，信仰則「在於虔誠敬拜神祇」。羅馬哲學家和希臘人一樣瞧不起迷信，因爲迷信代表屈服於恐懼與激情，兩者在當時都被視爲與社會的目標相違。另外，迷信意味著承認邪惡力量，也和菁英階級提倡的有序宇宙觀相違。

但到了西元一世紀，「*superstitio*」的意思有了轉變，迷信的儀式開始多了一層反羅馬的意味。「*superstitio*」常用來指稱被羅馬人征服的民族所信仰的宗教，尤其當這些非羅馬的宗教被斷定爲對羅馬人有威脅的時候。先前提過，希臘人也認爲異國的魔法與宗教很邪惡又可疑，但直到西元一世紀，「*superstitio*」才帶有反國家的意味。特別是菁英階級，他們開始用「*superstitio*」指稱其他民族那些神祕、不合他們口味的宗教。

一旦迷信獲得了「異教」這樣的貶義，很快就被拿來譴責當時興起的基督教（Christianity）。例如，羅馬元老院元老兼歷史學家塔西佗（約五六—一二〇）就述及，從猶太（Judaea）傳來的基督教是「不斷冒出來的迷信」。而基督徒的歷史更加強了這種看法，認爲他們對羅馬統治構成了威脅。基督徒不聽命於羅馬皇帝，而是敬拜一位被羅馬人以叛國罪處決的猶太人，還尊稱他爲「猶太人的王」。

拉丁文「*superstitio*」一詞的意義轉變，讓迷信一詞首次清楚帶有「不良宗教」的意涵，不再純粹指過度虔誠。這個意涵將持續數百年，其間被封爲迷信或非迷信的宗教也多次反轉。這種將敵對信仰視爲迷信的觀念，一直要到現在稱作啟蒙運動的時代來臨，才又有了新的演變。

第二章 迷信的宗教內涵

西元三百多年以來，羅馬帝國仍然信奉古希臘羅馬的多神教，到處都見得到神廟，傳統祭典與既有的信仰儀式也維持不墜。「*superstitio*」一詞已經帶有顚覆國家的新的意味。儘管被挑中的對象各式各樣，尤其是各種外邦信仰、魔法與占卜術，但羅馬人很快就鎖定了一個來自猶太的新興宗教。

基督教在地中海地區崛起之前，傳統的猶太教很瞧不起迦南人的信仰，視之為異教。希伯來聖經中的申命記（據信成書於西元前七世紀的以色列）第十八章九至十一節就記載：「那些國民所行可憎惡的事，你不可學著行。你們中間不可有人使兒女經火，也不可有占卜的、觀兆的、用法術的、行邪術的、用迷術的、交鬼的、行巫術的、過陰的。」此外，信奉唯一眞神也讓人很容易察覺猶太教與鄰邦多神信仰的不同。

古希臘人一提到東方就想到魔法。儘管聖經明白反對其他「國民所行可憎惡的事」，猶太人本身卻和魔法脫不了關係。外人普遍認爲他們擅長驅鬼，而猶太人也確實會製作護身符治療疾病。例如黎巴嫩貝魯特附近就曾發現一個小巧的黃金護身符，年代在西元前一世紀到西元後一世紀之間，裡頭附有寫在金箔上的符咒，希望治好某位婦人「不安分的子宮」，因爲古希臘的醫療理論認爲歇斯底里與各種身心症狀都和子宮有關。在古希臘羅馬人的印象中，猶太人深信魔法，而且比其他施法者更擅長此道。

基督教似乎不是一開始就惹來羅馬人的注意。西元一世紀中葉，羅馬皇帝革老丟將猶太人逐出羅馬，理由是他們在城市內過於激進地傳教，不過有證據顯示，羅馬人當時並未區分猶太人和基督的追隨者。但到了西元二世紀初，羅馬人就開始視基督教爲嚴重的迷信。儘管根據記載，耶穌誕生故事中的東方三博士是波斯僧侶和占星家，他們成爲第一批從古老的魔法信仰改信基督教的人，但拿撒勒人耶穌行神蹟一事，很快就被羅馬人指控他是東方來的法師。西元二世紀，羅馬哲學家克理索宣稱耶穌年少時曾經遠赴埃及，到那個以巫術和神祕知識聞名的地方學習魔法。此外，由於耶穌四處行乞，因此也很符合羅馬人眼中流浪僧侶與流浪法師的印象。在基督教歷史早期，基督徒和本地法師爭搶信徒，當時的羅馬著作家則是痛批這個新興教派。西元一世紀末，基督教已經成爲最受抨擊的反羅馬信仰。

西元一一二年，在今日土耳其北部擔任行政官的小普林尼寫信給羅馬皇帝圖拉真（九八—一一七年在位），提到他在當地遇到的基督徒。據小普林尼調查，基督徒會在破曉前聚會，吟唱詩歌讚美神，並且立誓絕不偷盜、說謊和姦淫。他覺得他們的行動不會造成什麼危害，在他看來只不過是「墮落、無節制的*superstitio*」。儘管如此，小普林尼還是認爲，基督徒拒絕聽從命令爲神或皇帝犧牲，已經足以判處死刑。

在基督教歷史早期，任何事情出錯都會怪在基督徒頭上。歷史學家塔西佗將基督徒比喻爲一種從猶太傳到羅馬的疾病，並記錄皇帝尼祿（五四—六八年在位）認爲羅馬某次慘重大火是基督徒所爲。因此，在某些羅馬菁英眼中，基督教是外來災禍，應該加以防堵。傳記作家蘇埃托尼烏斯曾經列舉尼祿改善羅馬市民生活的種種成就，包括像是不鼓勵鋪張宴會、禁止小酒館販售奢華美食等等，對過度行爲的限制。此外，蘇埃托尼烏斯還讚許尼祿懲罰「被有害的新 *superstitio* 把持的」基督徒。

多神信仰（是迷信）

西元頭幾個世紀，基督教愈來愈受歡迎，讓羅馬當局進退兩難，直到西元三一三年出現了轉捩點。君士坦丁大帝下令禁止處決基督徒和其他少數宗教團體，並在羅馬推行基督教。儘管隨後幾年，傳統的羅馬多神信仰仍然信徒最多，但君士坦丁大帝下令禁止基督徒特別憎惡的血祭，並於臨終之前成爲羅馬第一位基督徒皇帝。繼位的尤利安在其短暫的第一任期間（三六一—三六三年在位）曾經嘗試恢復傳統的羅馬信仰，限制基督教，只是最終沒能成功。狄奧多西一世（三七九—三九五年在位）執政之後，基督教正式成爲國教，從此羅馬帝國領導者都是基督徒。羅馬先祖曾經引以爲傲的信仰傳統與多神崇拜自此被視爲異教，「*superstitio*」一詞也隨之反轉，現在，它被用來對付那些曾經用它來對付基督徒的人。

克理索vs.俄利根、馬特爾努斯vs.馬特爾努斯

迷信一詞的意義轉變，最終導致羅馬人的信仰從傳統的多神教轉爲基督教，這點從克理索和俄利根的對話就可見端倪。之前提過，克理索強烈反對基督教，捍衛傳統宗教，而他的理由就來自哲學家。古代的希臘羅馬哲學家常稱底層階級迷信，因爲那些人過於恐懼魔鬼（*deisidaimonia*）。同理，克理索也反對基督教的魔鬼說。基督徒相信魔鬼存在，會行各種惡事，但克理索承襲其他哲學家的看法，主張由於魔鬼位階高於人，因此只可能行善。克理索痛批基督教信仰，因爲這些信仰違反了哲學家認定的自然階序。神怎麼可能會屈從於低層級猶太人的肉身？此外，克理索還批評基督徒貧窮、卑劣、迷信。

俄利根（約一八四—二五三）是著述等身的基督教著作家，在亞歷山卓受

教育，西元二四八年寫下《反對克理索》，直接反駁對方的主張。俄利根沒有直接回應克理索的部分論點，因爲他認爲克理索將「眞基督徒」跟「異教徒」或猶太人混爲一談；他自己也不認同異教徒和猶太人。克理索批評基督教作爲一種新興宗教，但基督教的神卻未能保護信徒免於壓迫與苦刑，俄利根則指出，基督教的迅速成長顯然代表了神的認可。克理索貶低耶穌，批評耶穌是窮光蛋，被釘在十字架上也不反抗。俄利根則聰明反駁，指出蘇格拉底也是如此，許多希臘哲學家都很貧窮。

西元四世紀的頭幾十年，羅馬帝國逐漸從異教改信基督教。這是個緩慢的過程，當中某位作家的有趣例子，可以說明這種轉變。馬特爾努斯出身羅馬元老院階級，寫過一本羅馬占星學的知名著作《數學》。這部長篇大論完成於西元三三七至三四〇年，當時馬特爾努斯仍然信仰傳統羅馬神祇，並按原始意涵使用「*superstitio*」一詞，指稱某些異教儀式帶有的過度恐懼色彩。但他後來改信基督教，並於西元三四六年寫下論戰之作《錯誤的世俗宗教》，呼籲繼任的君士坦丁大帝子女剷除「*superstitio*」，但這時他的意思已經改成了基督教以外的異教儀式。

民間魔法（是迷信）

西元四、五世紀，基督教的地位日益鞏固，開始有神學家寫出重要的教義作品，其中有些專門區別哪些儀式可以接受、哪些是魔法和迷信，希波的奧古斯丁（三五四—四三〇）便是一例。奧古斯丁出身北非，後來成爲影響深遠的聖人。他在迦太基受教育，先是醉心哲學與摩尼教，後來改信基督，最終在希波城擔任主教，也就是現今阿爾及利亞的安納巴。奧古斯丁延續一些前輩著作家所見，從兩條戰線攻擊迷信：一條是古希臘羅馬哲學家的階級說，一條是羅馬天主教慣用的反異教論。此外，奧古斯丁之所以對本書主題特別重要，是因爲他不僅將砲火對準了被貶爲不足信的異教魔法與儀式，就連我們今日視爲迷信的那些民間開運祈福法也不放過。

在《論基督教教義》這本書裡，奧古斯丁宣稱所有魔法都是迷信，因爲都與魔鬼有關。這個說法將延續數百年，尤其獵巫時代。奧古斯丁譴責咒語、符籙、卜卦，甚至占星。在醫學領域，奧古斯丁將矛頭指向了民間愛用的護身符或治病符，採取和古羅馬醫師類似的立場。至於更一般的迷信，奧古斯丁則是和古希臘羅馬哲學家一樣，嘲笑相信的人，讓人想起「deisidaimonia」一詞的原意。

西元四一三至四二六年，奧古斯丁寫下了《上帝之城》，對自己的反迷信與反魔法立場做出了最後定論。東羅馬帝國的國祚有一千多年，但在西元五世紀時，西羅馬帝國卻因爲和北方日耳曼人數度衝突而逐漸走向衰亡。其中一次發生在西元四一〇年，西哥特人劫掠了羅馬城。對於這場挫敗，傳統異教支持者主張是「基督教迷信」削弱了羅馬，奧古斯丁在書裡反駁這個說法，主張迷信其實源自傳統的羅馬信仰，而非基督教。他將羅馬信仰比作一般的法師術士，全靠魔鬼取得法力；反觀基督徒則是向神禱告，求神用神蹟實現他們的期望。

之後，儘管西羅馬帝國日益衰敗，基督教卻持續向北、向西擴張，逐步取代了日耳曼、凱爾特與伊比利亞等部族的異教信仰。因此，當羅馬帝國喪失了大部分地中海地區的主宰權，羅馬教廷卻開始不受國界之限，權力愈來愈集中於羅馬；而作為一種維持權威的手段，基督教教義也開始定形定調。例如西元六世紀時，教會議會（church council）已經製作出懺悔聖禮（penitential）的悔罪指南，說明各種罪行所須的懺悔方式。這些文獻明白指出，行使迷信的人必須懺悔與補贖。基本上，補贖都不算重，例如禁食一段時間或投入其他奉獻儀式；但如果所行的迷信或魔法意在為惡，贖罪的方式就較為嚴厲。

隨著各地的需求不同，「*superstitio*」的意義也不斷演化，例如西元六、七世紀開始出現的迷信小錄（*indiculi superstitionum*）。現存小錄裡，有一本收錄於《五七七拉丁聖騎士法典》中的《迷信與異教小錄》，可能來自八世紀中末葉歐洲北部的法蘭克或日耳曼地區。《迷信與異教小錄》列了三十條禁令，但都只簡單略述，沒有導言或額外的解釋。禁止對象包括常見的迷信與羅馬信仰的遺緒，還有原屬於基督教，後來被視為異端或帶有異教或迷信色彩的儀式。在被禁的迷信當中，比較常見的包括符咒（禁令十二）和各種占卜術，例如觀察鳥、馬或檢查牛糞以卜吉凶（禁令十三）。禁止傳統異教的痕跡明顯可見，例如不准舉辦二月節慶（禁令三），或不准崇拜墨丘利和朱比特（禁令八），而且可能同樣適用於日耳曼神系的對應神祇（沃坦與多納爾）。《小錄》還告誡別在死者墳前獻祭（禁令二），也不得在異教廟宇裡祭拜（禁令四）。

有趣的是，《小錄》裡有些儀式也可能反映了迷信或異教和基督教之間的灰色地帶。例如，不准爲聖徒獻祭（禁令九）、不准在不適當的場所敬拜聖人（禁令十八），也不准尋找聖母瑪利亞的所有物（禁令十九）（確切意思不甚清楚）。這類禁令可能有兩種解釋：有些基督徒確實在敬拜中混入了異教儀式，但也可能是有些異教徒採用了基督教的做法。《小錄》告誡的對象不只一個，也沒明說這些儀式有多普遍，但教會高層顯然很擔心這些儀式，覺得有必要將基督教的敬拜和其他異教、迷信或異端行爲區分開來。

第一個千禧年的最後幾世紀，中歐對魔法與迷信的攻擊愈來愈烈。西羅馬帝國衰亡後，法蘭克王國在查理曼（七四二—八一四）的帶領下，勢力逐漸鞏固，領土涵蓋今日的德國、比利時、荷蘭、法國與義大利北部。查理曼先是稱王，而後稱帝，政治與宗教權力再次結合在一個特別強大的組合之下。例如，查理曼對薩克森發動一連串戰爭並擊敗日耳曼人之後，隨即頒布命令，凡拒絕改信基督者一律處死。而他在位期間也數度降旨，禁止迷信、魔法和異教儀式。西元七八九年，查理曼頒布《通諭》，施行全國，禁止所有形式的占卜與魔法，法師和女巫如不停業就必須受死。西元八〇〇年，佛萊辛的宗教議會與分會（synod）指示各區主教，只要獲知有人從事占卜、施咒或氣象魔法，就要嚴加調查，必要時還可刑求。

九世紀初，氣象魔法似乎格外受到關切。西元八二〇年前後，里昂大主教阿戈巴德提到，老百姓由於相信作物被魔法引發的雹暴及其他天氣現象所破壞，驚惶之下經常有私刑處死疑似氣象法師（*tempestarii*）的事件發生。然而，九世紀不是只有關於氣象魔法的迷信受到關切。西元八五〇年，帕維亞的長執會回報，魔法與迷信依然嚴重，尤其是愛情咒語以及致人傷殘或死亡的魔法。其中一個知名的愛情咒語事件還和查理曼的曾孫洛泰爾二世有關。洛泰爾二世娶忒薇佳爲妻，但由於對方無法懷孕，洛泰爾二世便希望離婚，改娶情婦瓦爾德拉妲。爲此，他指控妻子犯了一種特別嚴重的通姦罪——和親弟亂倫，並企圖用一種當時廣爲接受、但對現代人來說非常殘忍的考驗方式。當時貴族可以離婚，只要理由充足；而且若是妻子不忠，被丈夫處死的情況也不少見。爲了判斷忒薇佳是否亂倫，她被迫接受滾水酷刑，但身爲皇后，她有權找替身接受考驗。考驗內容爲伸手到裝滿滾水的大鍋底部取出物品，事後將受傷的手包紮好。倘若三、四天後解開包紮，手被判定爲「沒有燙痕」（uncooked），大概也就是表示痊癒了，那這人就算通過考驗。結果忒薇佳的替身「沒有燙痕」，忒薇佳被判無罪，洛泰爾二世想離婚只能另求他法。

洛泰爾二世、忒薇佳和瓦爾德拉妲的鬧劇持續數年，最後於西元八六九年無疾而終，該年洛泰爾二世患病過世，享年三十四歲。蘭斯大主教因克瑪屬於強烈反對皇帝離婚的陣營。他參與並記錄了整起爭議，寫下《論洛泰爾皇帝與忒薇佳皇后離婚》一書，指控瓦爾德拉妲使用魔法，讓忒薇佳無法懷孕，並使洛爾泰二世沉迷於她。

對迷信和異教儀式持續關切，部分原因來自於基督教不斷吸納新的非基督教領土而擴張。有趣的是，基督教著作家對於魔法效力的看法並不一致。例如，里昂大主教阿戈巴德認爲氣象魔法是假的，暴風雨若不是出於自然因素，就是神意；然而，蘭斯大主教因克瑪似乎相信瓦爾德拉妲成功使用了魔法，才會讓洛泰爾二世迷上她、讓忒薇佳無法懷孕。不過，隨著基督教誕生將近一千年，就算有基督教著作家相信某些異教魔法確實有效，他們仍確信自己的信仰更優越。例如，另一部關於教會規定的重要文集《教令》，由沃爾姆斯主教布查德（一〇〇〇—一〇二五年在任）所著，其中便禁止向法師和卜卦者求助，也禁止異教的傳統儀式，如敬拜日月、解讀日月蝕或其他天象等等。布查德主教雖然承認迷信與異教魔法或許眞的有用，但還是嘲笑使用的人。他對這個主題的看法，除了反映基督教思想與信仰即將取得至高地位，也表達了對使用這些舊有儀式的無知百姓的輕蔑。隨著歐洲進入中世紀中期，迷信依然廣受民間歡迎，但教會已經取得了一定的正統性與勢力，使得教會高層對於異教不再那麼倍感威脅。

黑魔法與巫術（是迷信）

西元一〇〇〇到一五〇〇年，歐洲經歷了巨大的動盪與改變，尤其幾次危機造成的不確定與焦慮，在在成爲魔法與迷信的溫床。十一到十三世紀，歐洲數度發動十字軍聖戰，只爲了取回被穆斯林征服的中東地區，以及信奉異教或異端基督教的歐洲地區。聖戰通常由在任教宗發動，再由歐洲各君主提供兵力，並派兵到前線。例如，教宗烏爾八諾二世曾下令從穆斯林手中奪回耶路撒冷，於是部隊從北法、洛塔林吉亞（今日荷蘭、比利時和盧森堡）及德國出發，於一〇九六年遠征中東，其後三百年間更數度東征。早期聖戰以穆斯林爲目標，後來則針對基督教異端團體，例如南法的阿爾比派（一二〇九—一二二九）及波希米亞的胡斯派（一四一九—一四三四）。

古代與中世紀常有饑荒。長期天候惡劣或作物歉收，就可能沒有足夠存糧過冬。儘管所有階級都受糧食短缺影響，但以農民最容易受創。一三一五年春夏兩季，歐洲在經歷了相對富庶、人口增長的兩百年後，大雨和低溫侵襲了許多農地，大量作物、牲畜因而死亡，歐洲北部和不列顛群島陷入史上最慘重的饑荒。大饑荒持續了三個生長季，直到一三一七年夏天，氣候才恢復正常，但隨即又陷入更冷、更惡劣的天候。由於饑荒太過嚴重，百姓只好宰殺乳用動物、吃作物種子，並將小孩送走，讓他們自力更生。一般認爲，知名童話《糖果屋》裡兩個小主人翁被父母帶到森林裡拋棄，就是根據大饑荒時期常見的景象寫成的。一三一七至一三一八年，歐洲天空很長一段時間都能見到一顆耀眼的彗星，而這個天象自然被視爲作物歉收的徵兆。我們很難知道大饑荒到底造成多少人死亡，不過據估計，歐洲北部某些城市的人口減少了百分之十至二十五。此外，許多倖存者不是壞血病或發育不良，就是身體長期有問題，很難經得起下一次災禍。

十四世紀晚期，災變再起，更致命的黑死病橫掃歐洲與亞洲的大片土地。儘管病源仍有爭議，但很可能是鼠疫桿菌（*Yersinia pestis*）引起的腺鼠疫。一三三八至一三三九年，首波疫情在中國伊塞克湖畔的一個小村莊爆發，這個小村莊位於亞洲至歐洲的絲路上，隨即便透過黑鼠身上的跳蚤向西、向南擴散。有些疫情似乎源自人傳人，接觸後四十八小時內就會生病或死亡。一三四四年，黑死病蔓延至印度，一三四七年傳到君士坦丁堡，一三四八年擴散至埃及，光是開羅就有十萬人死亡。黑死病經由船隻傳入英格蘭後，約有半數人口因而死亡。短短五年內，歐洲人口就減少了三分之一。

由於對疾病的起因沒有定論，大流行被描述得更加駭人。巴黎醫學院的教授提出了天文學解釋，宣稱黑死病是水瓶座三星合相引發了「腐敗而致命的空氣」。法國和德國則有人指控猶太人在井裡下毒，導致猶太人遭到憤怒暴民的報復。數以千計的猶太人躲過了瘟疫，卻死在深陷恐懼的基督徒手中。

與此同時，教會從組織到活動也發生了許多改變。教會權力更加鞏固，仍然在進行的一系列聖戰提供了不小的助力。君士坦丁大帝統合了教會與政權，但由於屋爾班二世發動的第一場聖戰，使得他也跟著將軍事行動提高為善與惡的對決，並因此進一步鞏固了教會的權力。

十二世紀中葉，來自波隆那的修士格拉提安寫下了《歧異教規整合》，現名爲《格拉提安教令集》。如標題所示，這部作品嘗試調和此前所有的教會法規，因此很快就成爲教會法的最高權威。書中一些章節明定有害的魔法、巫術與占星有罪，被判違反禁令的人一律逐出教會，甚至會遭受更嚴厲的懲罰。

教會權力的擴張展現在許多地方，其中之一就是愈來愈常派遣裁判官，調查各地上報的魔法或占卜案件。這些裁判官會巡迴各城鎮，蒐集可疑行爲的線報，然後進行裁判。嫌疑人有時會遭到嚴刑逼供，或像忒薇佳的替身那樣接受考驗，以判定有罪與否。看在現代人眼中，這樣做或許很古怪，但其實有些類似今日的法院審判。考驗通常當衆進行，而被告被火鉗或滾水燙過數天後，也是由民衆判定傷口是否正常癒合，因此被告是否受人歡迎，往往會影響民衆判決。此外，參與裁判的風險其實很高，因爲指控不實者（缺乏證據或民衆支持）會受到懲罰；而當指控者的社會地位高於被告，比較可能逃過懲處。

教會權力日盛，魔法與迷信也沒失勢。西元九、十世紀，農業技術大幅進步，導致糧產大增、貿易興盛、歐洲城市擴張，學校也在大教堂周邊興起。十一、十二世紀，第一批知名大學陸續成立，包括一〇八八年成立的波隆那大學、一一五〇年成立的巴黎大學（後來稱作索邦大學），以及一一六七年成立的牛津大學。當時許多日常魔法與迷信已經成爲一種學術追求，相關文本大量出現，讓早期的學者備感興趣。士林哲學（scholasticism）興起，許多人開始熱衷鑽研古代魔法典籍，其中許多典籍不在西方修士手上，而是保留在拜占庭帝國，以及阿拉伯與猶太學者手中。先知穆罕默德（五七〇—六三二）在世時及其後數百年，伊斯蘭教興起並快速傳到了阿拉伯半島東部與北部，同時橫掃北非。伊斯蘭教的黃金時代從八世紀延續到十四世紀，經濟、科學與文化大盛。儘管基督徒、穆斯林和猶太人關係不免緊張，但許多歐洲學者還是將阿拉伯文和希伯來文的占星學、星體魔法、煉金術和通靈術書籍譯成拉丁文。占星學方面，儘管部分學者將天文學和較不被看重的占星學區分開來，但根據巴黎大學的黑死病報告，可以看出許多人都認爲兩者均是正當學問，卽使鑽研相關主題的學者有時會被指控爲法師。

除了受到學者研究，巫術與魔法也大幅專業化。或許因爲這類主題變得更學術化，並仰賴基礎文獻，最常提供巫術與占卜服務的人當中，有些其實是利用自己和教會關係來牟利的低階神職人員。特別是占星學，不僅成爲更有系統的占卜法，也不乏君王僱用占星學家。雖然君王不一定會聽御用占星學家的建議，但據傳日耳曼國王腓特烈二世（一二一五—一二五〇年在位）做出重大決定前，一定首先徵詢他的占星學家。有意思的是，七百多年後的美國總統雷根也有類似傳言。據傳，雷根在做出重大決定之前，他的妻子南茜・雷根會先徵詢舊金山一位占星學家的意見。

十二世紀，歐洲對更邪惡的黑魔法愈來愈感興趣。許多對付敵人用的咒語都會直呼惡魔名字，召喚死者以占卜吉凶的通靈術也獲得廣泛地使用與研究。由於通靈往往需要唸咒，加上祕訣都寫在各種手冊裡，靈媒必須懂拉丁文。因此，靈媒幾乎全是神職人員，而且知道自己正在偷用被禁止的儀式。根據基督教教義，死者不是永遠住在天堂，就是永遠住在地獄。死者可以聽從靈媒召喚、從天堂或地獄重回人間的這種想法是異端，使用這類黑魔法而被判有罪的人會受到懲罰，他們所用的通靈手冊也會遭到銷毀。

十四世紀，歐洲對黑魔法的恐懼日深，指控別人操弄惡靈的案例層出不窮，連身處社會最頂層的人也無法倖免。一三〇三年，法蘭西國王腓力四世和教宗波尼法爵八世發生權力鬥爭，起因是教宗向法國教會徵稅以資助聖戰。最終，教宗將國王逐出教會，國王則反指教宗爲異端，受魔鬼操控。腓力四世派人到義大利準備綁架波尼法爵八世，靠著當地村民的協助，教宗順利逃脫，但由於太過驚嚇，不久便過世了。一三一〇年，腓力四世爲了證明師出有名，不僅要求新任教宗克勒孟五世對前任教宗進行死後審判，還指控前任教宗波尼法爵八世同夥不只一個魔鬼，而是三個魔鬼再加上惡靈。審判並未舉行，但腓力四世拒絕收手。爲了搶奪資金與土地，他鎖定了新的攻擊目標，那就是聖殿騎士團。

所羅門聖殿騎士團簡稱聖殿騎士團，由一群身爲修士的法國騎士所組成。該團成立於十字軍聖戰初期，多次戰役下來取得了大量的土地與財富，但最後一次出征已經是一二九一年的事了。一三〇七年，腓力四世有意奪取聖殿騎士團的土地，便提出多項罪名，包括信異端、雞姦及敬拜魔鬼，尤其是拜一個名叫巴弗滅的大魔頭。這些指控幾乎全是子虛烏有，但酷刑之下還是有幾位騎士團領袖認罪，事後才翻供。一三一二年，教宗克勒孟五世和腓力四世商妥解散騎士團，以免除正式審判，但一三一四年還是有數名騎士因爲翻供而遭火刑處死，連大團長德莫萊也沒能躲過劫難（見圖4）。

儘管聖殿騎士團不一定敬拜魔鬼，卻在迷信史上扮演了另一個更知名的角色。由於德莫萊和大批騎士被捕的日期是一三〇七年二月十三日星期五，因此在衆多說法當中，一直有人認爲十三日星期五不吉利的迷信是源自於此。現代對十三日星期五的迷信到底來自何處，至今仍然爭論不止；而我們接下來將會看到，聖殿騎士團之說可能不是最有說服力的解釋。

從聖殿騎士團的例子裡，我們可以看到對於魔法與迷信有了新的疑慮。破壞性的惡毒魔法本來就會受到嚴厲懲處，但主要視爲個人罪行。被控施行不正當儀式的地方巫師或法師不是被逐出教會，就是處決。然而，十四、十五世紀出現了一種更不祥的威脅，爲接下來的四個世紀帶來巨大不安，那就是由敬拜魔鬼的黑法師所組成的陰謀團體。尤其十五世紀，傳言說有女巫祕密結社，讓人更加恐懼。成爲異端團體的成員是一回事，不少聖戰便起因於此；但自己同胞裡有人祕密聚會進行瀆神儀式、召喚惡靈，那可就非同小可了。

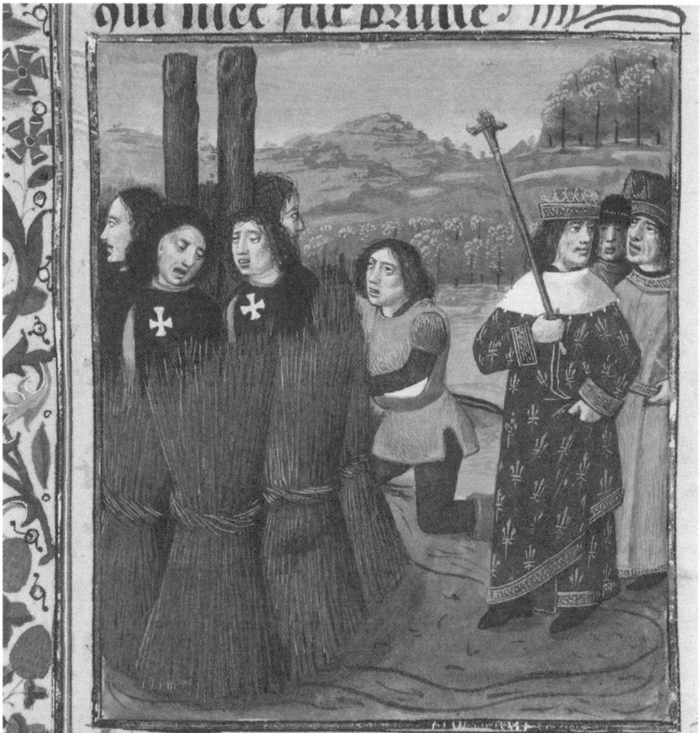

圖4｜腓力四世下令燒死聖殿騎士。

女巫信仰向來是歐洲民間文化的一部分，最早能回溯到荷馬《奧德賽》裡的喀耳刻。但從西元九〇〇到一四〇〇年，教會不承認女巫存在，更無意花費心力在參與女巫審判。隨著社會對黑魔法的疑懼日增，教會的立場開始轉變，十五世紀一些談論巫術的作品問世，也讓這個可怕的現象更廣爲人知。在這些作品當中，最重要的首推一四八六年出版的《女巫之槌》。作者克拉馬爲道明會修士，斯普蘭格是學者，兩人都是德國的宗教裁判官。該書副標題直譯爲「用雙面刃消滅女巫及其異端」，書裡包括調查及審判可疑女巫的方法。

克拉馬和斯普蘭格聯手提出的女巫論，日後成了基督教在這件事上的公認立場。兩人主張巫術是異端，女巫必須處死，就連懷疑女巫是否存在都是異端。《女巫之槌》使用一套細緻的魔鬼學說來解釋女巫增加。書中指出魔鬼是墮落的天使，擁有超乎常人的各種能力。魔鬼無法生育，但男女淫妖會和人類交媾。以女淫妖形象示人的魔鬼會和男人交媾，汲取男人的精子。這時它有兩種選擇，一是變成男淫妖跟女人交媾，讓對方變成女巫，可是它從此就得效力於對方；若它不想與女巫結盟，就可以將蒐集到的精子變成男淫妖，由對方與女巫交媾。只要慎選時機、看好星象，就能決定產生男巫或女巫，之後魔鬼就會受其指揮。

《女巫之槌》問世前後還有許多巫術手冊出版，有些討論備受爭論的問題，例如女巫如何飛行和巫魔會（witches' sabbath）的性質——這兩個主題，克拉馬和斯普蘭格都沒談到——但這本著作最重要的影響是讓巫術從此帶有性別色彩。克拉馬和斯普蘭格主張巫師多半是女性，因爲女性智力較弱，更容易受影響，而且比起來男性相對懂得節制，女性爲善、爲惡都更容易走向極端。即使這種說法顯然違反事實，許多一般法師與巫師都是男性神職人員，但女巫還是從此成爲深植人心的刻板印象。

《女巫之槌》廣受好評，熱賣兩百多年，銷售量甚至幾度僅次於聖經，卻也成了歐洲那段充滿恐懼與迷信的漫長黑暗歲月的腳本。因爲這本書不僅創造出關於魔鬼、女巫與巫術的神話，還描述了如何辨別嫌疑人、執行審判與處決。此外，它還訴諸教會的權威。不過，當一系列的女巫審判終於落幕，另一個流傳了近兩千年的做法也同時畫下句點——從此，不被接受或異國的宗教儀式再也不會被貼上迷信的標籤。不過，那已經是許久之後了。在理性時代到來前，迷信和魔法還又經歷了幾次轉變。

第三章　迷信的世俗化

十四至十八世紀，歐洲經歷了中世紀、啟蒙運動，以及科學時代的頭兩百年，科學時代標誌了迷信意義的最後一次轉變。這五百年見證了人文學的興盛，包括文藝復興、宗教改革和科學大躍進，卻也發生了致命的戰爭、瘟疫、宗教審判與獵巫。這個階段的頂點催生了啟蒙運動，人類迎來理性的新時代，對迷信與魔法的攻擊也轉換了形態。

法師時代

文藝復興起於十三世紀晚期的義大利佛羅倫斯，不僅出現巨大的人文主義浪潮，還重新對古典時代的哲學、藝術與科學產生了興趣。城市發達，專業及商業階級擴大，加上新的印刷技術讓書變得更容易取得，進一步提升了對某些人文主題的興趣。許多律師和公證人於受訓時接觸到古代典籍，並開始收藏相關文獻，研究和教授諸如文法、修辭、歷史、詩學以及道德哲學等人文領域。教育的工具不再由教會掌控，許多古希臘羅馬典籍已被翻譯成方言義大利文，變得更好讀易懂。此外，義大利許多圖書館對所有學者開放，活絡的書市交易也大幅普及了許多主題的研究。當時的藝術發展反映出對寫實主義的全新看重，尤其是達文西（一四五二—一五一九），他本人就是如今象徵文藝復興時期人文主義勃興的博學者。

儘管有這種種進步，迷信和魔法依然存在。一般歐洲人日常還是會用魔法，也常求教於公認擅長施咒與占卜的狡黠之士。同時，雖然教會持續攻擊各種疑似涉及魔鬼的法術，可是文藝復興時期的新人文主義讓一些長久被人遺忘的文本重新浮現，魔法很快就成了熱門的研究主題。這時期出現了幾位知名法師，留下大量著作。一方面，人文學科對魔法的興趣屬於菁英階層的研究，跟民間迷信與市井魔法不同；另一方面，法師不想惹火上身，被教會及裁判官盯上，因此只專注於受到認可的魔法，也就是動用「自然」力量而非借助魔鬼的法術。

一四五三年，鄂圖曼人征服君士坦丁堡，羅馬帝國的最後支脈拜占庭帝國正式瓦解。這場敗戰的影響之一，就是原本藏於都城的部分古代典籍也隨之四散，特別是一位拜占庭修士將一批名爲《赫密士文集》的奧祕哲學（esoteric philosophy）文獻帶給了佛羅倫斯的麥地奇家族。這批用希臘文寫成的文獻據稱作者爲赫密士．特里斯梅吉司托斯，意思是三倍偉大的赫密士。儘管是西元二、三世紀完成的希臘密契典籍，但據傳源自於埃及神祇托特（Toth）的遠古智慧，希臘人認爲祂就是赫密士。在麥地奇家族的資助下，這部作品最後由佛羅倫斯學者費奇諾譯成拉丁文。十五世紀，歐洲人重新重視柏拉圖，而費奇諾是其中的重要人物。在他拿到《赫密士文集》之前，已經將不少柏拉圖的作品翻譯爲拉丁文。譯完《赫密士文集》後，他自己也寫了三卷的《生命三書》，最後一卷《與天界相連的生命》便是在談星界力量的本質。

費奇諾在文中主要描述一套以天體控制人體及地球萬物爲基礎的醫學系

統。這套系統包含三個階層：最高層是天使和智性體組成的靈界，再來是恆星與行星，最底層是地球萬物。三個階層之間與之中有世界靈（*spiritus mundi*）連結各個階層，讓不同階層互相影響。費奇諾認為，魔法師的任務就是透過影響行星的方式影響世界靈，進而左右世間事，像是藉由乞求金星來促成戀情，或用食物及焚香來影響行星以治療身體疾病。某些礦物據信也和行星相連，例如黃金之於太陽。費奇諾筆下的魔法完全來自自然力量，並屬於新柏拉圖主義者嘗試理解宇宙構造的一部分，因此和宗教教義並不衝突。

十五世紀還有幾位新柏拉圖主義人文學家專研魔法，而且取向各有不同。其中一位是米蘭多拉。他英年早逝（一四六三—一四九四），卻是一位出色且大膽的學者，一生過得相當精彩。他出生富裕之家，很早就顯露出學術方面的潛力，在波隆那和帕多瓦完成學業之後，最終在佛羅倫斯成為費奇諾的同事，並同樣得到了羅倫佐·德·麥地奇的資助。米蘭多拉的學術取向是柏拉圖主義，希望調和古代智慧與基督信仰，但是他除了對赫密士思想感興趣，還熱衷於猶太教的卡巴拉（Kabbalah）密契思想。米蘭多拉希望能將卡巴拉納入基督教教義，讓猶太人歸依基督信仰。

米蘭多拉似乎是一位相當大膽的學者，因爲他曾經彙整自己的主張寫成一本《九百論題》，就是想要應付各方挑戰。他原本打算搬到羅馬，發表《九百論題》，並負擔任何前來羅馬與他辯論者的盤纏，但計畫很快就胎死腹中。首先是他在前往羅馬的途中和羅倫佐親戚的妻子發生私情，靠著羅倫佐協助才平安脫身。最後雖然順利抵達，但辯論還沒開始，就被教宗依諾增爵八世喊停。教宗宣布米蘭多拉有十三個論題是異端，尤其是跟魔法和卡巴拉相關的論題。儘管米蘭多拉同意移除這十三個論題（但拒絕任何它們確實有誤的說法），可惜沒有幫助，教宗最後還是宣布整本《九百論題》爲異端。米蘭多拉希望調和古代和中世紀智慧的各個體系，但教會高層顯然不領情，於是他的《九百論題》就成了第一本教會全面查禁的書籍，幾乎全數遭到焚毀。

然而，米蘭多拉的麻煩還沒結束。教宗下令舉行一場宗教審判，米蘭多拉被迫攻擊自己的作品，並遭受譴責。後來他逃往法國，但在駐法教宗特使的要求下，米蘭多拉被捕入獄。羅倫佐再次出手相助，米蘭多拉獲准在他保護下緘默度日。然而，一四九四年，羅倫佐過世兩年後，法蘭西國王查理八世攻入佛羅倫斯的同一天，三十一歲的米蘭多拉離奇死亡。二〇〇七年，科學家挖出遺體進行分析，斷定米蘭多拉死於砷中毒，可能出於羅倫佐之子兼繼承人皮耶羅・麥地奇的命令。

在我們告別米蘭多拉之前，還有一點必須一提。在他生命最後幾年，佛羅倫斯興起了一套批判新文藝復興的倒退意識形態，連他也為之傾倒，不僅斷然捨棄了之前對魔法、古代赫密士思想與卡巴拉的著迷，斥之為年少迷惘，還全心全意捍衛起基督教正統，並為此寫下了平生最後大作《駁占星學》。雖然同事費奇諾就是占星學家，米蘭多拉卻以過於決定論為由，反對占星學。根據他的看法，基督教教義認定人有自由意志，占星學卻認為地球上的事件是由星界力量所決定。

文藝復興時期的法師（*magi*）不全來自佛羅倫斯，例如德國律師、醫師兼哲學家阿格里帕（一四八六—一五三五）就是另一位重要人物。阿格里帕從年輕就開始鑽研魔法，最終寫下了當時最具影響力的魔法論著《神祕哲學》。書中他採取和費奇諾與米蘭多拉類似的新柏拉圖主義立場，致力調和古代魔法智慧與基督信仰。

阿格里帕這本書大受歡迎，使得魔法知識廣爲流傳，特別是歐洲北部，卻也讓他和宗教裁判官起了衝突。原本他想找科隆一位印刷業者出版《神祕哲學》，結果一名道明會裁判官卻宣稱此書是異端。阿格里帕在市議會嚴詞反駁，最終大主教駁回裁判官的指控，讓《神祕哲學》得以於一五三三年出版。可是在他晚年，尤其是死後，阿格里帕卻被指控爲勾結魔鬼的黑法師。當時的法師都很謹慎，只研究無關魔鬼的白魔法，但阿格里帕筆下的世界卻同時存在好魔鬼（天使）與壞魔鬼，使得他很容易招致批評，被控從事黑魔法與巫術。

後來，德國的浮士德神話將阿格里帕的生平與作品融入其中。這個神話是根據浮士德而起。他是眞實存在的歷史人物（約一四八〇—一五四〇），據傳他爲了取得法力而與魔鬼交易。在馬羅一五九二年的劇作《浮士德博士》裡，男主角自誇他將——

狡黠如阿格里帕，
其身影令全歐都尊他為大。

文藝復興時期的民間迷信

前面提到的魔法研究，主要侷限在貴族和學術菁英的小圈子裡。不過，就如同人類自有歷史以來那樣，民間依然維持許多更接近我們今日會稱作迷信的行爲。隨著基督信仰傳遍歐洲並向外擴張，中世紀的教會不得不睜一隻眼閉一隻眼，對許多改信的新教徒依然堅守舊有的異教儀式與符咒視而不見。如同先前提過，當時的生存環境仍然嚴酷；天氣、作物、疾病和各種災害的不確定性，使得各種開運儀式和卜卦方法維持不墜。隨著中世紀和文藝復興時期的教會愈來愈體制化並占據主導地位，許多民間迷信開始依附於基督教儀式，使得教會高層進退兩難。儘管許多基督教著作家斥之爲迷信，但由於這些儀式能幫助教會吸引民衆，而且往往展現出眞誠信仰，因此對於某些以信仰爲出發點的常見迷信，教會高層通常選擇允許，甚至鼓勵。

雖然基督教反對多神論，並以此和其他異教區別，卻不忘提供替代品，也就是聖人。許多時候，地方聖人的墳墓甚至成爲聖陵，引來某種異端崇拜，猶如古羅馬神廟。儘管教會高層很快做出反應，指出聖人只擁有神賦予他們的能力，但聖人能行法術不僅是他們被尊爲聖的原因，也是封聖程序的一部分。即便今日，想要被封爲聖人，仍然必須由梵諦岡證實候選者死後促成至少一次的奇蹟才行。例如猶太裔德國人史坦茵於一九二二年歸信天主教，一九四二年死於奧許維茲集中營，一九八七年封聖成爲殉道者。她過世時是一位加爾默羅聖衣修會的修女，獲名爲「聖十字德蘭本篤」。一九八七年，一名年輕女子在家人向聖十字德蘭本篤禱告後，肝病不藥而癒，並獲得醫學證實，於是教宗若望保祿二世便追封史坦茵爲聖人。

由於聖人總是帶著奇蹟的光環，信徒會向他們祈求治病或其他好處，也就不意外了。中世紀相當盛行買賣聖人遺物，據稱這些東西因爲和聖人有關而具有神效。不論頭骨、骨骼或衣服一角，只要判定爲聖人所有，就有人稱它具有特殊的力量，其中許多直到今日依然如此傳言。

歷史最悠久的聖人崇拜，首推聖克里斯多福，傳言稱他曾經幫助年幼的耶穌過河。中世紀許多教堂牆上都畫有他的故事，據說仰望他的肖像可以讓人整天不受疾病或死亡威脅。由於聖克里斯多福是旅者的主保聖人，因此他的肖像徽章一直很有市場，被人拿來掛在脖子或夾在汽車遮陽板上。另外，雖然詳細原因不明，但同樣有傳言稱聖若瑟（瑪利亞的丈夫、耶穌的養父）是很有天分的房屋仲介。據傳只要將聖若瑟的小雕像埋在土裡——通常倒立埋在前院草坪——自家房子就能很快賣出。網路上可以找到各式各樣祈求房子順利售出的聖若瑟套組。

中世紀和文藝復興時期，許多教會相關物品都被認爲具有法力，聖水是其中最受歡迎的神奇聖物之一——顯然這是因爲它很常見，而且用途廣泛。除此之外，教會也有許多儀式用來祝福家庭、家畜、作物和旅人，而這些儀式往往需要神父或其他神職人員潑灑聖水。聖水最常運用在洗禮儀式當中，而且由於洗禮有淨化和驅邪的效果，因此許多人相信聖水可以驅走魔鬼。神職人員通常反對喝聖水能治病的觀念，私底下也認爲聖水不如傳說中有用，但只要信徒是出於基督信仰這樣做，他們基本上不會勸阻。一五四三年，英格蘭坎特伯里遭受暴風雨侵襲，據傳村民紛紛跑到教堂，拿聖水回去灑在自家屋子上，希望免於雷擊或其他損害。

聖餅據傳也大有法力。參加彌撒時若沒有吞下聖餅，而是將之帶出教會，據說就擁有了一件法力很強的物品。聖餅通常用來滅火、治療豬瘟和施行愛情咒語。其他不少聖物，像是聖鹽、聖燭和聖枝主日（Palm Sunday）用的棕櫚樹枝等，據傳也有各種法力。聖母獻耶穌於主堂日又稱聖燭節，當天被祝聖的燭蠟燃燒後剩下的蠟塊，有時會留到聖亞加大主日做刻字。由於聖亞加大和滅火有關，據說只要拿到刻字的燭蠟就能防止家裡失火。上述這些做法幾乎都不受教會認可，但還是廣受民衆採用。教會顯然是聖物的寶庫，失竊成爲普遍問題。有些教堂會將洗禮池上鎖，或採取其他預防措施，以防聖物損失。

以上種種，可以說都是教會的副產物，因爲教會時常強調自己的超自然面，會有這種發展不難理解。彌撒時，神父的角色非常吃重；相較之下，信衆只是被動的觀衆。所有儀式與禱告，尤其領聖餐（transubstantiation），亦即將平凡的麵包與酒變爲耶穌的聖體與寶血，在在讓人感覺教會擁有法力，光是參加彌撒就可能爲自己帶來幸運與成功。而大多數的教區信徒聽不懂儀式裡的拉丁詞語，也可能加深了其神祕感。過去數百年來，法師和巫師都用埃及文、希伯來文和其他外語念唸咒。

不過，村民的日常生活中仍然有許多迷信，既不來自學者法師，也不來自教會。地方上的法師、巫師與術士如數百年來一樣，提供給民衆咒語書寫下的或口耳相傳的魔法。社會階層在此再度發揮力量，將學者、教會與較爲世俗的術士區分開來。文藝復興期間，民間術士依然相當活躍。此外，有些廣爲人知的魔法甚至不用專家協助，也能自行使用。

尋寶在過去是非常普遍的事業。由於沒有銀行，民衆通常將貴重物品收在箱子裡藏在床底或埋在地下。民間傳說許多人一夜致富，只因他們在焚毀房屋的廢墟裡或山腰地底發現埋藏的寶藏。尋寶雖然不需要魔法，但尋寶人常常會求助法師或咒術師，請他們指點迷津。

和古代束縛咒語一樣，中世紀和文藝復興時期有許多魔法是爲了燃起或消滅愛火。術士根據古代咒語書提供藥方或符咒，就可以讓任何人的情感轉向客戶期望的方向。只要付費，地方上的法師就能替鰥夫寡婦找到新伴侶。

最後，各種形式的算命仍然是一種很常見的職業。難以預測的天氣和作物有無收成永遠至關重大，但許多人遇到難關或舉棋不定時也會求助算命師——和現在一模一樣。這時地方上的巫師所使用的方法，顯然和靈媒或手相師慣用的讀心術相去不遠。客戶來時往往心中已有定案，而法師的工作就是察覺客戶最初的想法，然後巧妙導引至那個方向。就像任何可能涉及的占卜一樣，法師的服務還包括將兩難決定的部分責任從客戶轉移到自己身上。

天主教儀式是迷信

基督信仰獨霸一千多年後，開始遭遇激烈反抗，「迷信」這個貶義詞也有了新的描述對象：羅馬教會本身變成過時迷信的象徵。諷刺的是，正是這場衝突讓歷史邁出重要一步，最終促成了迷信的世俗化。

前面提到，羅馬教會經歷了漫長發展，許多儀式除了有信仰內容和有教會背書之外，其實跟傳統符咒和法術沒有兩樣。此外，這些儀式往往訴諸神父或其他神職人員的法力。教會並沒有完全拒絕魔法，而是適度納入聖禮和自身傳統之中，以滿足教區信衆的需要。基督信仰以外的魔法不是遭到忽略，就是斥爲危險的迷信。

新教徒（Protestant）出現後，開始稱羅馬教會認可的法術爲迷信。一五一七年十月三十一日，威登堡大學道德神學教授兼小鎮傳教士馬丁．路德將《九十五條論綱》寄給了美因茲大主教布蘭登堡的阿爾布雷希特，新教改革（Protestant Reformation）就此展開。路德提出的第一項抨擊就是教會發放贖罪券（indulgence），取得贖罪券的教徒就能減少在煉獄的時間。中世紀晚期，贖罪券的發放已經過於浮濫和商業化。腐敗的神職人員與專業的「赦罪者」（pardoner）兜售大赦資格，招來路德和其他改革者的強烈攻擊。例如從喬叟《坎特伯里故事集》裡的赦罪者角色身上，就能看到這種道德有問題的行爲。

路德的改革運動從批判贖罪券開始，但他和其他新教著作家很快就再闢戰場，對更多議題展開抨擊，包括在他們眼中純屬迷信的羅馬教會儀式。其中一項就是天主教徒（Catholic）所使用的聖物。來自新教的批評者認爲，只有神能祝聖物品。神所造的一切在創造時都是好的，只有在用過之後才會變好或變壞。替物品祝聖的儀式是迷信、偶像崇拜，是魔鬼的工作。

有些著作家直接將爲水、鹽、餅祝聖的人跟販售民間魔法的咒術師和巫師連在一起。這些新教徒認爲，祝聖物品的行爲讓魔鬼多了一個矇騙信徒的手段。魔鬼會帶來不幸，只是在信徒進行偶像崇拜行爲（如崇拜聖物）時假裝將不幸驅走。因此，這些新教徒認爲，教會所用的法術跟那些簡單的詛咒與符籙，背後的魔鬼理論都是相同的。

新教徒保留了某些天主教教會的儀式，尤其是受洗和聖餐禮，但只將這些行爲看作信徒是在簡單地表達其信仰。他們反對神職人員唸咒可以轉變物品性質的說法，同時將敬拜大幅去神祕化。

然而，即使新教徒努力不讓改革運動沾上迷信色彩，還是無法擺脫中世紀早期教會，以及更之前的古希臘羅馬菁英都曾面對的壓力，那就是使用魔法符咒趕走歉收、疾病與火災的需求太大，不可能徹底禁絕。因此，和這類需求有關的某些儀式便開始和聖物脫勾。例如將每年為田地祈福的儀式改成在戶外禱告與敬拜，或在某些重要日子提供一套專用的證道詞。如此一來，就算教區信徒同樣相信這些做法具有類似的法力，神職人員仍然可以安慰自己，這裡面沒有偶像崇拜或魔鬼作祟。

異教徒、戰爭與女巫的時代

宗教改革的時代，正好也是歐洲經歷一段漫長破壞的時代——我們甚至可以說，是宗教改革直接導致了這場災難。前面提過，中世紀晚期，裁判官時常主持審判，懲罰異教徒和涉嫌施行黑魔法者。一二五一年，教宗依諾增爵四世下令准許刑求，道明會修士很快便精通此道。從中世紀晚期一直到十六、十七世紀，各種殘酷的刑求與處決方式在歐洲各地層出不窮。異教徒和罪犯不是被綁上肢刑架處刑，就是被火燒、釘在尖樁上或鋸成兩半。十五世紀末，西班牙宗教裁判所成立，持續運作了三百五十年，其中以一四八〇至一五三〇年最爲活躍，主要目的是揪出據信佯裝改信基督教的穆斯林和猶太人。一四九二年，國王斐迪南和女王伊莎貝拉將數千名猶太人趕出西班牙；就算因爲歸信基督教而得以留下，也會活在裁判官的陰影下，經常遭到刑求逼供（見圖5）。由於基督教是國教，外邦人只要是來自非基督信仰的國家，都會被要求改信基督信仰，而猶太人就算受到數百年的歧視，十字軍聖戰期間更遭到種族滅絕，歐洲人還是覺得他們私下繼續信奉著猶太教。此外，裁判官還鎖定基督信仰裡的異端，包括不少新教教派，以及違背倫常者，例如重婚和雞姦。據估計，西班牙宗教裁判所一共造成了三十五萬人死亡。

從《九十五條論綱》發表後不久，一直到十七世紀，歐洲陷入了如今稱作宗教戰爭的暴力衝突階段；其中許多都是新教徒和天主教徒的直接廝殺，因此有時也稱作改革與反改革戰爭。這些衝突包括德國農民戰爭（一五二四—一五二六）、都鐸王朝征服愛爾蘭（一五二九—一六〇三）、法國宗教戰爭（一五六

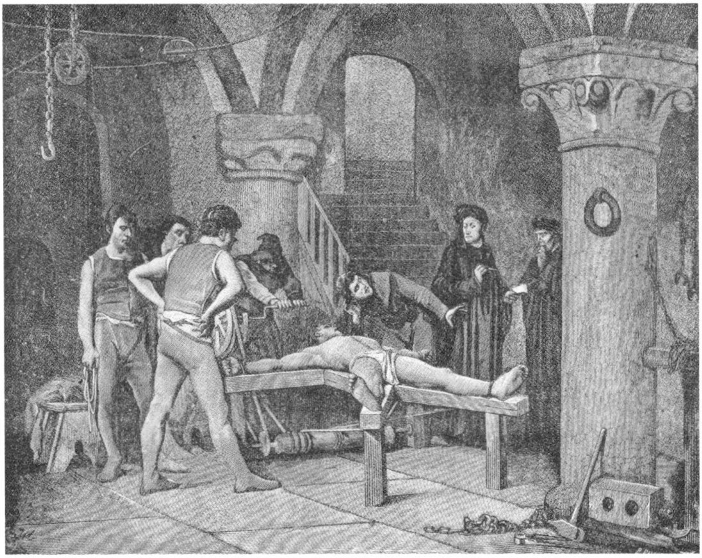

圖5｜男子纏著腰布在肢刑架上遭到刑求，神父彎身聽男子懺悔。

二─一五九八）、八十年戰爭（一五六八─一六四八）、英國內戰（一六四二─一六四八），以及三十年戰爭（一六一八─一六四八）等等。儘管這些戰爭大多因宗教而起，或主要和宗教有關，但也有些是爲了王位繼承或獨立而戰。尤其爲期較長的衝突，起因往往不只一個。這是歐洲史上最血腥的時期之一。在法國宗教戰爭中，法國西方和南方追隨加爾文的胡格諾派新教徒跟北方的天主教徒大打出手，估計有三百萬人死於暴力、饑荒與疾病。死傷最慘重的則屬德國的三十年戰爭。神聖羅馬帝國中興之後，信奉天主教的哈布斯堡盟國和信奉新教的反哈布斯堡盟國互相對抗，最後大半個歐洲都捲入其中，從英格蘭和蘇格蘭打到丹麥與挪威，估計造成五百七十五萬人死亡。以世界人口比例來算，死亡率足足是第一次世界大戰的兩倍。

各位如果還記得，裁判官克拉馬與斯普蘭格一四八六年出版了《女巫之槌》，但兩人兩年前就曾向教宗依諾增爵八世（一四八四─一四九二年在位）抱怨，他們想進行女巫審判，卻遭到地方當局反對。於是教宗頒布諭令〈最高的希望〉，表示他對德國巫術事件頻傳相當憂心，並授權克拉馬與斯普蘭格繼續進行審判。此舉無異於教會正式許可獵補與殺害女巫。儘管西班牙和葡萄牙的宗教審判依然以剷除異端爲主，很少針對潛在的女巫，但在歐洲北部、英格蘭、蘇格蘭與英屬殖民地，宗教戰爭那些年正好也是民眾恐懼巫術、大量審判與處決女巫的年代。雖然《女巫之槌》和其他巫術手冊廣爲流傳，但仍有一些人質疑女巫論的某些主張。例如，法學家莫利托曾出版《女巫和占卜女》，書中駁斥巫魔會與女巫飛行的眞實性，但仍認爲有些女性會和魔鬼往來。此外，他在這些事上雖有不同立場，卻還是支持處決女巫與異端。

獵巫熱期間究竟有多少人因此喪命，長久以來推測差距非常大。目前的估計是六至十萬人死亡，其中百分之七十五至八十五爲女性，而遭審判爲女巫者有近半數被處死。學者對十六、十七世紀的獵巫現象提出了不少解釋。例如，至今仍未平息的新教徒與天主教徒之爭顯然很有可能是原因之一，但巫術並不是雙方意識形態的衝突點，因爲兩邊都有獵殺與處決女巫的行爲。不過，天主教盛行的地區，民間較不支持教會審判女巫。在英國、法國、德國這些新教積極挑戰天主教權威的地區，獵巫相對盛行。反觀天主教勢力較爲穩當的地區，例如愛爾蘭、西班牙和義大利，獵巫就少得多。獵巫一開始可能爲天主教所用，但最終雙方都拿它來向民衆證明，教會可以保護百姓免受他們想像中的女巫之惡威脅。教會之前斥爲迷信的信仰如今變得非常可信，不相信女巫存在反倒成了異端。

壞科學是迷信

十六世紀和大半個十七世紀，歐洲都是一個黑暗的死蔭之地。衝突、恐懼與懷疑可以說是培育迷信的完美養分，卻也促使歐洲人以另一種更現代的眼光看待魔法、魔鬼和超自然事物。

歐洲人最終厭倦了因爲宗教信仰不同而彼此廝殺。一六四八年簽署的《西發里亞和約》結束了三十年戰爭，在國與國之間建立了國家自主原則與宗教共存的架構。各國君主可以自行決定境內國教，不論是天主教、路德宗或加爾文宗都行，但所屬教派與該國國教不同的教徒可以維持原信仰，保有一定的和睦與自由。這些宗教寬容，有部分直接源自對宗教戰爭不合理處的反彈。一五五三年，加爾文以異端罪爲由，在日內瓦用火刑處死了西班牙醫師兼神學家塞爾維特，因爲塞爾維特反對嬰兒受洗，並質疑三位一體說。法國傳教士兼神學家卡斯特利奧指控加爾文謀殺，並寫下一段慷慨激昂又道理十足的論述，反對處死塞爾維特：

倘若塞爾維特以武力攻擊你，自然有司法官員捍衛你；但他只用筆反對你，你為何祭出鐵血手段對付他？這就叫虔誠司法官員的防衛嗎？……殺人就是殺人，而非捍衛教義。日內瓦人處死塞爾維特不是捍衛教義，而是殺人。捍衛教義是博士之責，而非司法官員的工作。刀劍與教義又有何干？

（卡斯特利奧《反對加爾文法案》，一五六二年出版）

從卡斯特利奧和加爾文的爭執裡，可以見到宗教寬容的概念初現端倪，並於一百年後寫入《西發里亞和約》，隨後更成爲啟蒙運動的基本信念。卡斯特利奧認爲異教徒是錯的，對教會不利，但不認爲他們應該因爲自己的信仰而被處死，論理與說服才是正確的做法。

除了寫進《西發里亞和約》的寬容理念，十七、十八世紀還發生了一些改變，讓歐洲氣象爲之一新。當時，漸漸有人開始認爲，哲學可以和宗教分開；法國哲學家伏爾泰（一六九四—一七七八）和盧梭（一七一二—一七七八）更主張道德應該基於理性，而非信仰。此外，也有愈來愈多人支持宗教寬容與個人自由的價值，並相信憲政體制優於宗教權威治國。

那些年也是科學（當時稱作「自然哲學」）大躍進的時代，即使其間不乏種種曲折。一五四三年，哥白尼首次發表地動說，反對既有的亞里斯多德觀點，主張地球並非「宇宙」的中心，太陽才是。丹麥天文學家第谷支持傳統天動說，但其弟子克卜勒和哥白尼一樣主張地動說，並進一步算出哥白尼理論的一些細節。一六三三年，義大利知名天文學家伽利略被人送上羅馬裁判所，因爲他支持地動說而遭到科學界與宗教界兩方指控。這場審判可以說是天主教會面對客觀自然哲學步步進逼所做的困獸之鬥。高齡六十九歲的伽利略抱病受審，在刑求的威脅下被迫收回主張，並被軟禁家中直到離世。

儘管如此，現代世界賴以建立的各種觀念仍持續傳播。英國科學家法蘭西斯・培根（一五六一—一六二六）、法國哲學家兼數學家笛卡兒（一五九六—一六五〇）和英國數學家兼物理學家牛頓（一六四三—一七二七）都支持日益普遍的觀點，主張自然可經由觀察與邏輯來理解，毋須訴諸神的作爲。化學家波以耳（一六二七—一六九一）曾對煉金術的多項基本假設提出挑戰，最後卻以發現氣體壓力與體積之間關係的波以耳定律而爲後人所知。此外，他還創立了英國皇家學會，而該會也做出了不少實驗研究。如同今日，當時的新生代科學家有時也會迷上非科學的構想。例如，牛頓雖然常被推崇爲科學新時代的開路者，卻寫過許多論煉金術的著作，並支持地心引力源自神祕力量的論點。不過，從培根、笛卡兒、波以耳和牛頓著作裡所推導出的世界觀，主要還是奠基於唯物論，以及眞理人人可得、毋須求助教會權威的看法。

於是，迷信一詞的意義產生了最後一次的轉變。當新教徒指控天主教徒使用帶有異端色彩的符咒與儀式時，迷信一詞就和宗教沾上了邊，啟蒙運動崛起的自然哲學家也繼續以這個字眼抨擊基督信仰的魔法面向。但與此同時，迷信這個標籤首次出現了現代人所熟知的「壞科學」的意思。聖物的超自然力量和地方法師的咒語都是迷信，不是因爲它們很危險，也不是因爲它們是未受認可的宗教形式，而是因爲它們不符合新的科學邏輯。根據啟蒙運動的觀點，數百年的教會統治妨礙了人類發展。正是抱著此等想法，法國哲學家狄德羅（一七一三—一七八四）才會寫道：「一旦讓迷信發揮往日力量，駑鈍人的秉性，就別想在詩歌、繪畫和音樂追求卓越。」

啟蒙運動是理性與科學實驗的時代，其中一項成果就是普遍樂觀與不確定性降低。保險在商業界愈來愈普及，一定程度減低了經商或出船的風險。農業技術的進步降低了饑荒的發生率，解剖和醫藥知識增加則讓醫師更有信心。以現在的標準來看，當時的信心並非全然合理，例如直到十九世紀依然盛行以放血治療某些疾病。但自主性與掌控感的提升——就算純屬幻覺——仍然創造出一種心理狀態，減低了大眾對魔法與迷信的依賴。

儘管十七、十八世紀歐洲日益世俗化，但獵巫、宗教審判與處決等行爲直到十八世紀晚期才徹底消失；而且即便在當時，民眾不再執著於獵巫主要是因爲司法程序的改變，並非不再相信女巫存在。當時的人仍然相信巫術是眞有其事，只是司法權集中使得定罪者減少。恐巫是地方風潮，而且事實證明，獵巫熱導致許多人無辜獲罪。例如一六二七至一六二九年，德國符茲堡的獵巫熱就導致數百人死亡，其中包括數名貴族、四十三位神職人員和四十一名孩童。審判經常使用刑求，逼嫌疑者供出其他女巫或同謀的姓名，使得嫌疑人數大幅增加。雖然刑求最終遭到限制或禁止，但不是出於人道考量，而是愈來愈多人發現結果並不可靠。此外，中央機關也常檢視地方審判程序，要求提供更多具體證據。這些司法改革都降低了被定罪與處決的人數。

瑞士格拉魯斯州的戈狄據信是歐洲最後一位受審處決的女巫。她被人用繩子捆住拇指吊在空中，腳下還綁著石頭，最後認罪並於一七八二年六月十三日遭斬首處決。二〇〇八年，格拉魯斯州議會承認審判不公，正式爲戈狄平反。如今格拉魯斯法院大樓以她的名義長年亮著兩盞燈作爲紀念，象徵全球各地的人權侵犯事件。

二十世紀德國社會學家韋伯曾借用詩人席勒的話，表示科學與啟蒙運動讓「世界除魅」，意味著宗教與魔法的影響力從此消退。根據韋伯的看法，理性與科學探索讓世界更加世俗、更加科層化，擺脫了傳統宗教價值的束縛。時間證明韋伯的說法是對的，也是錯的。錯的是啟蒙和科學興起並未讓迷信消失，而是完全相反。我們將會看到，儘管現代世界比啟蒙運動前更世俗、更不神祕，宗教和迷信依然完好如初。韋伯說對的是，啟蒙運動之後，人們不再接受用神、魔鬼或魔法的力量來解釋自然事件。科學與理性首次成為判斷某個信念或行動是否爲迷信的標準。

古代宗教裡的魔鬼信仰並未徹底消失。我還記得幾年前有位基督教記者打電話給我，問我對於美國華盛頓職業籃球隊選擇「巫師」作爲隊名有何看法。她似乎對此深感不安。後來也有不少福音派基督徒擔心小孩讀《哈利波特》，甚至支持焚書，因爲書中對巫術的描述頗爲正面。然而，除了這些少數例外，科學已經成爲判斷迷信與魔法的新標準，而且至少就現在而言，迷信一詞很難重拾過去的意義，再次指稱「壞宗教」。

第四章 現代世界的迷信

啟蒙運動及其後科學的迅速發展，使得迷信日益世俗化。除了少數例外，迷信一詞開始是指稱蔑視理性的不科學想法。然而，科學花了好一段時間才演進成我們如今所知的那套複雜方法，並且即使科學論理愈來愈具權威，迷信、偽科學與魔法思維仍不會消失。事實上，它們可能永遠不會消失（我將會在第五章詳述其原因）。本章將介紹留存至今的各種迷信，但在此之前，得先提一場社會運動，這場運動讓超自然信仰在二十世紀初期、科學尚未發展成熟之際得以延續。

十九世紀的唯靈論

儘管獵巫於十八世紀終止，絕大多數知識菁英也揚棄了魔法、咒語與惡魔的世界，但空缺很快就被十九世紀興起的超自然信仰補上。十九世紀中葉，新一波唯靈論席捲歐洲，尤其風靡美國。雖然此一現象可以追溯到更早之前，卻也反映了當時的某些社會運動。

一八四八年三月三十一日，家住美國紐約州海德斯維爾的福克斯家一對十幾歲的姊妹花，凱特與瑪格麗特（Kate and Margaret Fox）在家裡聽見敲擊聲，兩人都覺得是一位名叫「分足先生」（Mr. Splitfoot）的遇害小販弄出的噪音。這個魂體會用敲擊聲回答問題，並且似乎相當了解福克斯家和一些事情。大家很快就發現，這個現象不只發生在海德斯維爾的福克斯家。凱特、瑪格麗特和兩人的姊姊莉亞（Leah）可以跟任何地方的靈體溝通。三人曾經數度前往紐約羅徹斯特接受檢驗，其中幾次甚至是在坐滿四百人的大會堂裡舉行。人鬼互用敲擊溝通的消息很快傳播開來。三姊妹最終搬到紐約市，在金融區的一家旅館裡開店，並於一八五〇年七、八月舉行多場公開或私人的降靈會，每天賺進一百美元（約等於今日的兩千八百美元），甚至更多。後來，凱特和瑪格麗特開始巡迴美國東岸，四處舉行降靈會。

福克斯姊妹享有鎂光燈的時間並不長，卻引發了一場規模浩大的社會運動。許多人得知「羅徹斯特敲擊聲事件」後，紛紛自行在家中舉行降靈會，而且許多人發現自己也有靈媒體質。儘管福克斯姊妹用敲擊聲與靈體溝通，但有不少靈媒發展出更有效的方式，包括自動書寫（靈體用靈媒的手在紙上寫字）、跟靈媒交談或藉靈媒之口說話。此外，也有人使用上面印有字母的「通靈板」（talking board），而邦德更於一八九一年取得了通靈板（Ouija board）「玩具或遊戲」（Toy or Game）專利（見圖6）。降靈會也經常出現反常的靈異事件，例如桌子轉動或翻倒、物品騰空或鬼影出現等等。當時正值許多人開始對宗教起疑，唯靈論似乎爲來世提供了客觀證據，以及與已故摯愛溝通的可能性。尤其在美國南北戰爭和第一次世界大戰過後，許多人都迫切渴望與死去的親人聯繫，大大助長了對靈媒的需求。

圖6｜通靈板「玩具或遊戲」的美國專利申請圖，包括乩板和字母板。

於是，唯靈論成爲流行的宗教替代品，在美國尤其如此，並以新教徒居多。唯靈論報刊如雨後春筍在全美各大城市出現，裡頭充斥著靈異事件的報導與專業靈媒的廣告，其中最有名的或許首推麻州波士頓發行的《光之旌旗》，波士頓可是唯靈論特別盛行之地。

唯靈論在十九世紀大行其道，部分原因來自它正巧碰上了其他社會運動。福克斯姊妹出名當時，美國新教正經歷第二波「大覺醒」（Great Awakening），不僅高舉情感的分量，也更樂於相信超自然事物，而這顯然出於對啟蒙運動的理性主義的反彈。唯靈論者贊同浸信會、衛理公會和長老教會的看法，主張救贖人人可得，而非少數選民的專利。此外，這些宗教運動特別強調個人品行高潔，從而引發了十九世紀後半幾場巨大的社會改革運動，包括禁酒、廢除蓄奴、女性投票權和保障童工。不少知名改革人物都是堅定的唯靈論者，例如史杜威夫人、特魯斯女士、斯坦頓女士、安東尼女士和加里森。林肯夫人瑪麗・陶德也是唯靈論者，並曾在白宮舉行降靈會。

唯靈論和這些社會改革運動有一個共同點，就是女性領頭的現象特別明顯。維多利亞時代普遍認爲，宗教和道德生活以家庭爲中心，而家庭則以女性爲中心。以唯靈論來說，絕大多數靈媒是自家庭裡的年輕女性中選出。値得一提的是，戈狄因女巫罪慘遭處決還不到一百年，就已經有大批女性靠著招魂而大賺一筆。其實，批評者並未忽略唯靈論與古代通靈術的相似之處。一八七三年，衛理公會的美以美會牧師莫里森出版了《唯靈論與通靈術》一書。他在書裡並未質疑靈媒在降靈會上能和靈體接觸，只是主張那些靈體其實是魔鬼。儘管有這些批評，但唯靈論就和十九世紀某些改革運動一樣，不僅讓女性擁有新的管道扮演領導者的角色，也給予她們更大的社會與政治影響力。

福克斯姐妹於一八四八年三月三十一日開啟了一場運動，這場運動一直延燒到一九二〇年代，但讓這場運動得以可能的，是十八世紀末的幾起事件。其中一位男主角是瑞典工程師兼神祕主義者史威登堡（一六八八—一七七二）。此人擁有驚人的預言天賦，曾經在哥特堡一場晚宴上當著十六位賓客的面，預言五百公里外的斯德哥爾摩發生一場火災，還詳細描述了事情經過，並在事後得到證實。史威登堡表示上帝於一七四五年在夢中向他顯現，而他也於兩年後放棄了工程師一職，專心從事靈界寫作。他自稱可以和靈體溝通，而他的許多作品也和死後世界有關。

史威登堡過世後，民眾對他作品的興趣與日俱增，歐美兩地也開始出現追隨他的靈性團體。因此，當十九世紀掀起的唯靈論風潮開始席捲美國，立刻就贏得許多史威登堡追隨者的青睞。前面提過，舊時許多薩滿、巫師與法師都會使用一些技巧引發出神狀態；不少維多利亞時代和二十世紀的靈媒也擅長此道。這些現代的出神經驗之所以流行起來，部分起因於梅斯默術（mesmerism）的出現。一七七五年，德國醫師梅斯默（一七三四—一八一五）開始執行一種非正統的醫療法。他提出「動物磁性」（animal magnetism）的概念，主張磁力能穿透人體和其他物體。他偶爾會將磁鐵擺在患者身上不同部位，但主要還是靠人與人直接感應（見圖7）。梅斯默開始用磁力療法為一些因多種病痛而受苦的女性患者治病，患者往往會陷入出神狀態，並且受到明顯的不自主運動所帶來的極大痛苦。儘管梅斯默始終不被醫界接受，而且擺脫不了爭議糾纏，但這項以他為名的醫療手法還是相當受人矚目。

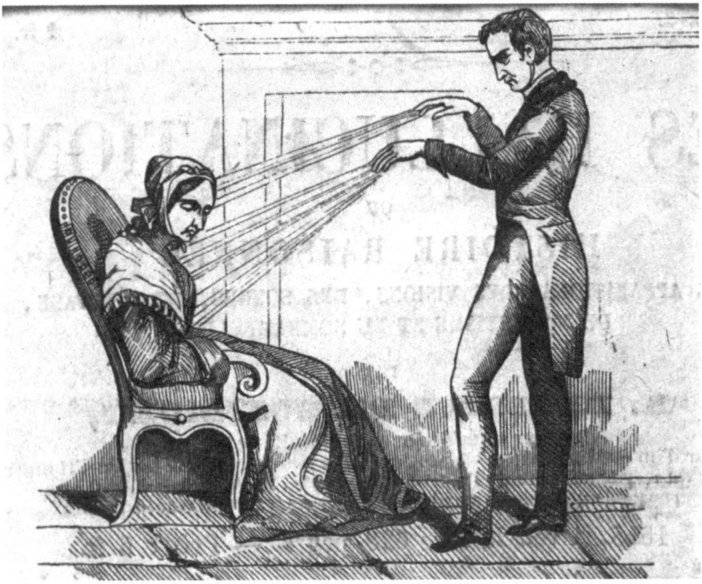

圖7｜醫師正使用動物磁性催眠一位貌似陷入出神狀態的女子。

梅斯默術刺激了蘇格蘭外科醫師布雷德（一七九五—一八六〇）和法國醫師沙可（一八二五—一八九三），讓兩人開始研究催眠，從而引來佛洛伊德（一八五六—一九三九）和美國行爲心理學家赫爾（一八八四—一九三九）的注意。直到今日，仍然有不少心理學家和精神科醫師使用催眠治療成癮行爲、恐懼症或控制疼痛。當唯靈論在美國站穩腳跟時，所有聽過梅斯默術的人早就對出神狀態耳熟能詳了。此外，梅斯默術、催眠法和醫療專業有關，這點肯定也幫忙不少，讓出神狀態顯得更爲可信。

唯靈論盛行的另一個重要基礎來自震顫主義（Shakerism）。一七四七年，震顫派（Shakers）和英格蘭北部的貴格會（Quakers）分家，其名稱來自於教徒被宗教情感充滿時身體會不自覺顫抖。信徒做禮拜時會唱歌跳舞，還有許多人表示自己在出神時接觸到了靈界。一八二〇至一八六〇年是震顫主義發展的最高峰，尤其一八三七至一八五〇年更被稱作顯現時期（Era of Manifestations），全美各地的震顫派教徒（大多是年輕女性）常常會口說方言，替「另一個世界」傳話。因此，早在福克斯姊妹一八四八年成名之前，震顫派就已經爲她們鋪好了道路。

唯靈論與科學

梅斯默術和唯靈論出現時，現代科學還處於青澀階段，而兩者對科學的檢證方法都做出了貢獻。儘管有莫里森牧師等人的反對，但啟蒙運動仍然確立了以證據和理性作爲判斷迷信與否的新標準。因此，科學與後啟蒙運動的唯靈論有著孿生關係，這是過往所不曾有的。自古以來總是不乏知識菁英質疑法師、巫師與民間迷信，但直到此時，宗教理由才屈居於實證懷疑之後，成爲次要的評判標準。面對唯靈論，當時最常見的看法除了那是參與者的無意識合謀，要不就是純屬詐騙，而兩者都不乏例子佐證。

接受梅斯默術的患者似乎會進入催眠狀態，並呈現安慰劑效應。梅斯默也在熬過了開頭的挫折之後，於一七八〇年代在巴黎落地生根，大獲成功，當地有錢人和貴族都成爲他的堅定擁護者。這套非正統的醫療手法愈來愈流行，最終引來醫師與政府的關切。一七八四年，法王路易十六（一七五四—一七九三）成立皇家委員會調查梅斯默，美國駐法全權大使富蘭克林也是委員之一。所有委員都接受了磁力療法，但和梅斯默的患者不同，他們一點感覺也沒有。接著他們又做了幾項簡單的實驗，結果發現只要矇眼，患者就感受不到磁力指向自己身體哪個部位；但只要能看見，患者就會表示相應部位很有感覺。另一項實驗則是給患者幾杯水，其中只有一杯受過磁力，患者卻指不出來。於是委員會做出結論：「想像力才是磁力治療產生效果的眞正原因。」有趣的是，動物磁性一旦證實無效，富蘭克林反倒認爲沒有充分理由禁止梅斯默術。我們隨後將會看到，卽便時至今日，我們看待許多迷信與效果類似安慰劑的療法依然如此矛盾。

儘管「想像力」確實是許多靈媒的成功關鍵，但純屬詐騙的靈媒也所在多有。一八八八年十月二十一日，福克斯姊妹中的瑪格麗特（當時已冠夫姓，名爲瑪格麗特．福克斯．肯恩）在《紐約世界報》發表一篇署名自白，承認敲擊聲是她和姊姊僞造的。她們學會偷偷彈腳拇指，讓關節發出連大房間也聽得到的聲響。類似的詐騙還有很多，而魔術師胡迪尼則是致力揭穿無恥靈媒的騙局，並將調查結果寫成兩本書。歐美兩地都成立了心靈研究學會，儘管多數成員都相信人能和靈體溝通，卻也積極揭發騙徒。美國心理學家詹姆士（一八四二—一九一〇）是美國超自然現象研究協會的創始會員，曾經協助揭穿許多假靈媒，但卻相信波士頓靈媒派珀夫人的確具有靈力。而他對唯靈論深感興趣，也招致許多心理學同行的批評。

十九至二十世紀初，科學努力對抗造假的唯靈論者，但新科技卻爲有心人提供了新的詐騙手法。一八六一年，波士頓攝影師穆勒一個人在工作室拍攝自拍像，結果發現沖出來的相片裡竟然有淺淺的少女身影。不久後他便自稱靈媒，在降靈會上拍出帶有鬼影的相片（見圖8），成爲一八六〇至一九三〇年代大批靈體攝影師的開路先鋒。不少缺德的攝影師很容易就能竄改相片，利用顧客對逝去親人的思念賺錢。

一九三〇年代，唯靈論運動已經大幅式微，但到了一九七〇年代又隨著新時代（New Age）運動死灰復燃，至今仍在專業心靈感應者、塔羅師和自稱能和

圖8｜穆勒爲林肯夫人瑪麗·陶德拍攝的相片，其中隱約可見林肯的魂影。

各式靈體接觸的靈媒身上延續。例如，美國靈媒傑西奈就自稱藍慕沙（Ramtha）的傳話者，表示這位活在三萬五千年前「消失之地」列木里亞（Lemuria）的戰士借她之口，用現代英語向世人發聲。

迷信在今日

我們一路循著迷信一詞的曲折演變，看著它指稱各種外邦宗教，以及不受權威認可的信仰。如今來到科學時代，我們也該給迷信下個新定義了。雖然俗話說，「預測很難，預測未來更難」，但放眼將來，解讀自然現象可能還是會以科學為依歸。因此，即使永遠有人——例如創造論者——按宗教典籍（而非科學）來理解自然世界，但證據顯示，科學（而非宗教）才能讓我們對宇宙有最清楚的理解。因此，迷信一詞在今日意味著「壞科學」，而非「壞宗教」。

迷信「不是」什麼

雖然判斷迷信的標準變了，但如果能從過去的用法衍生出我們現代對迷信的定義，還是比較好的。就這點來說，指出迷信不是什麼，或許是個不錯的起點。

迷信不是武器

一九九四年，葛羅斯和李維出版了《高級迷信》一書。儘管書中批評自由派學者反對科學與啟蒙思想是危險之舉，然而兩位作者使用迷信一詞的方式卻對我們幫助不大。在政治對話和媒體評論裡，拿迷信兩個字互砸是日常，你不支持哪個主張就說它是迷信。在這些情況下，這兩個字只是無知、過時、天真或其他貶義詞的代稱而已。也許還是會有不少人繼續這樣用，但如果我們想讓對迷信的定義是有意義的，就必須大幅縮小這個詞的適用範圍。

迷信不是宗教

前面提過，綜觀迷信一詞的意義演變，絕大多數時間都是指敵對的宗教儀式，因此現代對迷信的定義如果將所有宗教儀式包括進來，似乎並無不妥。事實上，啟蒙思想就想走這個方向。例如，蘇格蘭哲學家休謨（一七一一—一七七六）在〈論迷信與狂熱〉這篇隨筆中，就用迷信與狂熱來代表「兩種錯誤的宗教」。在他筆下，迷信是出於恐懼的行爲，目的在安撫可怕的未知代理人，因爲世界就是被它們所控制的。這些迷信行爲包括「各種儀式、戒律、禁欲、犧牲與供品等等，不論多荒謬、多無謂，總是由愚昧狡詐之人提出，被心懷恐懼、盲目易騙之人所接受」。休謨認爲，迷信之人會被神父之類的中間人所吸引——這裡顯然是指天主教徒。至於狂熱，休謨指出狂熱之人覺得自己能直接獲得神聖經驗，並舉震顫派爲例。這兩種錯誤宗教涵蓋了休謨那個時代盛行的許多信仰。同樣地，法國作家伏爾泰則用迷信一詞形容自己在歐洲見到的某種宗教盲信。在他看來，這種盲信造成了教派彼此仇視：「迷信放火毀世界，哲學滅火救世界。」伏爾泰是堅定的自然神論者，休謨則沒有明確的宗教信仰，但這些啟蒙思想家和之前攻擊天主教儀式的新教徒不同，他們對迷信的攻擊涵蓋了更多宗教。後世哲學家如尼采（一八四四—一九〇〇）和卡繆（一九一三—一九六〇）的無神論立場將更加明顯。

當代無神論作家通常不將宗教與迷信混為一談。道金斯、丹尼特、哈里斯和希鈞斯合稱新無神論運動「四將」，其中哈里斯的立場最接近將宗教等同於迷信。二〇〇五年，他在一篇名為〈無神論者宣言〉的部落格文章中提到，「美國南方和中西部各州的特色就是宗教迷信度最高，演化論反感度也最高。」但從無神論作家的口吻聽來，他們似乎也只是拿迷信一詞當武器用，並未直接分析為何能將宗教理解成一種迷信。

由於本書的主題是迷信，而非宗教，我認為很容易將兩者作出有用的區分。我們隨後會更深入地討論到，迷信通常比宗教儀式更實用取向一點。宗教信徒之所以遵行儀式有各種理由，禱告、做禮拜或慶祝節日很少出於單一目的，反觀迷信則往往是為了滿足某個當下的需求。我們之後會提到，兩者確實有重疊之處。有些出於宗教的個人行為或儀式可以很明確地說是迷信，但直接稱呼宗教或任何個人信仰是迷信，只不過又是拿迷信兩個字當武器用罷了。

迷信不是精神疾病

有些精神疾病會引發不理性念頭，但症狀最接近迷信的要算強迫症（OCD）。強迫症是一種焦慮症，症狀包括強迫意念和強迫行爲。有些患者執著於病菌，會不停洗手；有些患者執著於檢查，會不停去檢查爐子，確定烤箱或瓦斯關掉沒有。這些行爲跟古代哲學家泰奧弗拉斯托斯筆下每天用泉水淨身三次才開始一天活動的「迷信者」很像，因此主張兩者有關其實不無道理。或許迷信和強迫症只是程度有別，過度迷信會變成精神疾病。

然而，現行的心理學研究並不支持這個說法。首先，我們無法根據童年出現的迷信行爲預測日後是否會發展成強迫症。此外，精神疾病通常會導致患者生活某些部分出現問題；而迷信雖然源自不理性的念頭，但幾乎所有日常迷信都不會導致強迫症等精神患疾會引發的痛苦。最後，我們在第五章將會見到，不少調查顯示迷信非常普遍，但精神疾病基本上不常見。將迷信這樣一個極常見的現象界定爲精神疾病，只會將一部分的人類正常行爲誤解成疾病。

迷信「是」什麼

迷信的定義不少，但以下這個定義特別簡明扼要。

和科學的衝突

迷信通常缺乏證據支持其功效，其假定的運作原理也和目前我們對物理世界的理解不一致。沒有證據顯示亡者的魂體生活在另一個世界，還可以交談。同樣地，將運氣視爲可以呼來喚去的力量，或只有某些人才有的特殊能力，也不符合我們對物理學和人類行爲的認識。

工具或實用取向

有些信念無關科學，但對我們沒有實際用處。不少人相信鬼魂或超感官知覺（ESP），但除非你想用超感官知覺炒股票或賭馬，否則你只是相信超自然現象，而非迷信。迷信是超自然信仰底下的一個類別，是宣稱具有實際功效的超自然信仰。

這個區別有時很重要。比方說，十九至二十世紀初盛行的降靈會通常是晚間的餘興節目，但也有許多人支付可觀的費用，只求聯繫逝去的親友。爲了好玩而參加降靈會或找靈媒，其實就像去看魔術表演，並不符合我們對迷信的定義。爲了預知未來或與亡者交流而參加降靈會或找靈媒，這才叫迷信。

沒有文化之分

迷信有時會作爲形容詞，因此最好爲其定下適用範圍。假設某個文化尚未採納科學爲評判標準，那麼我們視爲魔法或迷信的想法與行爲，其實要算地方科學與宗教。就像我們現在都明白，某個宗教的信徒將另一個宗教裡的類似信仰稱作迷信是不合邏輯的，而將某個前科學文化的信仰歸類爲迷信也是不公平的。同樣的道理，孩童往往相信各種魔法，但在他們學會要看證據再下判斷之前，最好不要替他們貼上迷信的負面標籤。

上述定義提供了一個有用的架構，幫助我們分辨現代世界的各種迷信。但爲了更了解這個主題，我們可以參照地誌學的做法，將迷信分成不同「類別」。巧的是，心理學家賈霍達已經將迷信劃作四類，有助於釐清迷信這個領域，爲我們做出了很好的區分。

源自某種宇宙觀或世界觀的迷信

不少基本的宗教信念無法用科學檢驗，所以才定義爲信仰（或不是信仰）。但其餘的宗教宣稱就和自然世界有關，因此是科學檢驗的對象。當這些宣稱無法通過科學考驗，就應該稱作迷信。例如，倘若有人仍然相信聖水或祝聖過的燭蠟有特殊的保護力，我們很容易就能進行檢驗。許多人相信信仰療法（faith healing），但現有的系統性評估結果並不支持其效力，因此儘管這種療法以宗教爲基礎，卻應該視作迷信。最後，將具有決定論色彩的占星學視爲一種宇宙學，這樣的想法也是迷信。換句話說，如果你和美國總統雷根一樣，找占星師協助你做決定，那就是迷信。

社會共有的迷信

這個類別的迷信包括我們從小到大在某種文化中學到的所有迷信，例如西方人害怕黑貓和數字十三、四葉草代表好運等等。本章稍後將扼要列舉這類迷信。

個人的神祕經驗

這個類別的迷信包括許多我們不稱作迷信的超自然現象，如相信鬼魂或超感官知覺，以及一些我們會稱作迷信的手段。假如你去找靈媒是爲了尋求指引或和亡者溝通以求得慰藉，那你的行爲就叫迷信。

個人迷信

最後，許多日常迷信都來自將個人經驗轉變成個人的迷信。據說，名模海蒂．克隆會隨身攜帶一包自己的乳牙當作幸運符。歌手泰勒絲的生日是十二月十三日，因此被她當成幸運數字，她的十三歲生日是十三日星期五，推特帳號是「@taylorswift13」，有時也會在手背寫上十三這個數字。前美國波士頓紅襪隊三壘手博格斯相信吃雞肉能提高打擊率，因此職業生涯每場比賽前都會啃雞肉。由於個人迷信因人而異，因此不如社會共有的迷信那麼受人注意，但非常普遍。

常見迷信及其由來

單憑本書的短短篇幅，連某個地區的常見迷信都不可能完全列舉，更別說全世界了。例如一九八四年，坎農等人發表了一系列美國猶他州的原生迷信與民間信仰——光是一個州就蒐集到一萬三千兩百零七個。因此，我決定只介紹全球各地最普遍的迷信及其據傳的由來。我們隨後將看到，有些耳熟能詳、備受敬重的迷信，來由其實並不清楚。若想追溯迷信的來源，就必須回顧民間信仰既不清楚、基本上也沒有紀錄的發展史，而史料往往只能提供模糊的圖像。假如你在接下來的篇幅裡沒找到自己心愛的迷信，我在書末的延伸閱讀部分列了幾本迷信事典和百科全書。

和數字有關的迷信

十三　害怕數字十三可能是世界上最有名的迷信，卻也是最受爭議的。有人甚至故弄玄虛，替它取了「十三恐懼症」（triskaidekaphobia）這樣一個名稱。這個迷信的由來有三種主流說法和幾種非主流說法。每次有媒體引用我的意見並提出我認為哪個說法最好，就會有支持其他說法的讀者氣憤地寫電郵給我。搞定這個爭議的功勞（至少我認為）應該歸於拉胥梅耶，他在《十三》這本書裡做足了檔案研究。

本書前面已經提過一個說法，就是聖殿騎士團於一三〇七年十月十三日星期五被捕，最終有多名團員遭受火刑處死，連大團長德莫萊也沒有倖免。許多人認爲這就是十三日星期五爲不祥之日的由來，包括童年曾在系列恐怖電影《十三號星期五》飾演第一代面具殺人魔傑森的雷曼也持這個看法。

另一個主流說法來自北歐神話。根據傳說，某天十二名北歐神祇正在維哈拉城休息，結果被前來加入祂們的惡神洛基（Loki）設計矇騙，害死了備受恩寵的神祇柏杜爾（Baldur）。根據這個說法，從此人數十三就被視爲不吉利。

最具說服力的說法也和十三個人有關，只不過是另一群人，那就是聖經裡參加最後晚餐的十三人。根據標準說法，最後晚餐有耶穌和他十二位門徒出席，席間門徒猶大背叛耶穌，導致祂隔日被釘死在十字架上。因此，最早的十三迷信是說，只要十三個人同桌，其中一人就會在年底喪命。

拉胥梅耶反對聖殿騎士團說，因爲他發現直到一九一三年才有人首度提出十三日星期五的說法，距離騎士團被捕已經有七百年之久。至於柏杜爾喪命說，拉胥梅耶發現，根據最早的權威記載，如果算上洛基，維哈拉城內的神祇就有十四位，而非十三。最後，拉胥梅耶調查指出，十三迷信直到十七世紀才在英格蘭首度出現。他發現十七世紀末葉有兩份資料提到十三不吉利，發表時間相隔十五年，而且說法都是十三人同桌是禁忌。

十三人同桌不吉利的迷信一直延續到十九世紀。一八八一年，特立獨行的南北戰爭退役陸軍上尉福勒在紐約市成立了第一個十三俱樂部（Thirteen Club）。這個奇特的俱樂部於每月十三日，會在福勒特地買下的某大樓裡的十三號房間聚會，所有成員分成十三人一桌吃晚餐。福勒很懂得宣傳之道，甚至說服五位美國總統成爲榮譽會員。很快地，倫敦和費城也開始出現十三俱樂部。

星期五不吉利則另有由來。原因是耶穌釘十字架當天是星期五，以及吊刑傳統上都在星期五舉行。有趣的是，紐約十三俱樂部不僅努力破除十三不吉利的迷信，還想方設法推動政策消弭民衆對星期五的恐懼。他們大力支持大部分勞工星期六休假，最終讓星期五成爲快樂的一天——「謝天謝地，星期五了」（Thank God It's Friday）。除此之外，他們也會公開讚揚將行刑日排在週五以外的法官。

十三日星期五很可怕這種說法直到二十世紀初才浮上檯面。拉胥梅耶發現，二十世紀初之前確實有人提到聖週五（Good Friday，即耶穌受難日）碰上十三日會不吉利，但實際計算就知道這種情況很少見。然而，波士頓金融家洛森於一九〇七年出版小說《十三日星期五》，書中描述一名股票經紀人企圖在十三日星期五操弄股市。洛森大力宣傳新書，尤其是九月，因爲那個月的十三日就落在星期五。後來又發生一件事，替他的小說做了免費宣傳：有人眞的按照書中手法操弄費城股市，結果被捕。拉胥梅耶認爲，正是洛森的小說和一九一六年改編的電影（現已佚失）確立了十三日星期五特別不吉利的迷信。

如今，數字十三不吉利和十三日星期五特別不祥這兩點，已經完全取代了十三人不吉利的迷信。但我幾年前參加一場雞尾酒會，一位教授說他即將帶十二名學生出國，坐在我旁邊的人立刻一本正經說道，「欸，你最好再多帶一位學生。」後來我才想到，十二（學生）加一（教授）等於十三。不過，其他關於數字十三的迷信也很普遍。歐美兩地的大樓電梯往往沒有十三樓的按鈕，所有人都知道十四樓按鈕其實代表十三樓（見圖9），機場也很少有十三號登機門。

圖9｜美國賭城拉斯維加斯一家旅館的電梯面板，其中少了13樓。

三　許多人相信數字三具有魔力，但可能爲善或爲惡。常有人說第三次就能「開花結果」(charm)，事情做一次不成功，那就再試一次又一次。三是完美數字的說法源自畢達哥拉斯關於等邊三角形的神奇概念，以及基督宗教的三位一體。不過，也有人說壞事會成三。

數字三的迷信裡頭，最有趣的是用一根火柴點三支菸會帶來霉運。這個迷信的起源至今尚無定論，但最普遍的說法是指向一八五三年克里米亞戰爭或第一次世界大戰。理論上，士兵在戰場上把一根火柴點燃太久很可能會引來狙擊手注意，因此一根火柴點三支菸的禁忌就這樣從戰壕裡傳到了戰壕外。一九三二年電影《同柴失足恨》一開頭，布朗黛兒、德芙拉克和貝蒂．戴維斯飾演的三位閨密就用一根火柴點了三支菸，並聊到這個迷信。可想而知，壞運立刻接踵而至。

四、十四和八　數字無所不在。不論日期、金額、年齡、票根或登機門，走到哪裡都遇得到。數字還包括讀音，有時某樣東西獲得某種特質純粹出於巧合。中文「四」的讀音和「死」接近，因此有時會被當成不吉利的數字，包括所有含四的數字，例如十四。反觀「八」的讀音和「發」接近，因此象徵發財和發達。吉數和凶數常在市場出現。研究顯示，中國製產品定價時都會考慮數字凶吉，八的出現比例明顯過高，四則很少出現。二〇〇三年，四川航空公司曾經花費二十八萬美元，就爲了買下「888888」這組電話號碼。

十七　同樣的道理，十七在義大利也是不祥的數字，因爲十七用羅馬數字表達爲「XVII」，重新排列就是「VIX」I，在拉丁文裡意思是「我已活過」，也就是「我已經結束此生」或「我死了」的意思。從以上例子可以發現，數字和吉凶的連結有多隨機。

十八　猶太教的卡巴拉是一套數字學，任何名稱或文字都能轉換成數字，展現出另一層涵義。希伯來文「חי」(chai)，發音近似亥，意思是「生命」，對應數字十八，因此在猶太文化裡能帶來好運。許多人會配戴刻有「חי」字樣的首飾，傳統敬酒詞「לחיים」（L'chaim，敬生命），發音近似勒亥姆，也包含這個字。美國職棒選手卡魯打球會戴刻有「חי」的項鍊；前面提到的博格斯上場打擊前，也會用球棒在打擊區土上劃「חי」。此外，根據猶太傳統，不論十三歲少男少女成年式送禮或慈善捐獻，都會是十八的倍數。

七　關於七爲何是幸運數字有幾種解釋。比較常見的說法跟巴比倫人依據當時已知的七顆行星建立一週七日的曆法有關。至今星期幾的英文寫法還保留著行星名稱的痕跡，例如星期六「Saturday」是土星（Saturn），星期日「Sunday」是太陽，星期一「Monday」是月亮（Moon）。除此之外，《聖經．創世紀》記載神創造萬物也用了七天。最後，幸運的希伯來文寫法是「גד」（gad），發音近似迦得，還有「מזל」（mazal），發音近似馬薩爾，分別對應數字七和七十七。

和顏色有關的迷信

黑貓　黑貓是不祥之兆，或黑貓從面前走過會帶來霉運，這些說法都是歐洲獵巫熱的遺緒。由於女巫常有黑貓爲伴，甚至能變身爲貓，因此走在路上遇到的貓，說不定其實是女巫。

紅嫁衣　紅色在中國文化中是吉祥和財富的象徵，市場裡經常可以見到紅色商品，新娘在婚禮上也常遵照傳統身著紅色嫁衣，以求好運。她們的衣服上經常裝飾著金龍和鳳凰，這些也被認爲是好運的象徵。

藍色的東西　迷信通常與人們希望順利進行的重大事件有關，像是婚禮、嬰兒出生或一年之始。至於西方最普遍的婚禮迷信，則是新娘要穿——

幾樣新、幾樣舊、幾樣藍、幾樣借來用

這首詩源自十九世紀英格蘭西北部的蘭開夏郡，更早的版本結尾還有一句「外加一枚銀幣在鞋中」。儘管詩裡提到「幾樣藍」可能純粹爲了押韻，但許多人相信藍色象徵忠貞。

其他西方傳統迷信

從梯子下走過　有些迷信當初確有根據，只是不再適用了。例如劇場有後台不能吹口哨的禁忌，因爲當時布景是靠人拉繩子和滑輪吊上吊下，而許多布景師傅過去是水手，習慣用口哨溝通，因此演員要是在後台吹口哨，就有可能被布景砸破頭。

同樣的道理，我一直覺得避開梯子很合理，尤其梯子上有人更不該從下頭走過。就算沒人，梯子也不是很穩固的東西。然而，關於這個迷信的起源，最常見的說法是宗教。三角形會被當成三位一體的象徵，因此從梯子下頭走過等於瀆神，會帶來霉運。

打破鏡子　鏡子普及之前，許多人認爲它是貴重神祕之物。有些法師占卜會用鏡子，就像注視水晶球那樣，民間也有許多關於人與物在鏡中沒有影像的傳說。斯托克一八九七年出版小說《吸血鬼伯爵德古拉》，書中就曾提到吸血鬼照鏡子不會出現影像。直到今天，猶太人守喪仍然會遮住家裡所有鏡子七天。根據卡巴拉信徒的說法，此舉是爲了防止魔鬼在守喪期間傷害死者親人。魔鬼通常是隱形的，但會出現在鏡子裡。

由於鏡子有這些特性，打破鏡子會成爲禁忌也就不難想像。至於鏡子破了爲何會帶來七年霉運，來龍去脈並不清楚，但這個說法至少早在十九世紀就已經於英格蘭流傳。在此之前的主流說法是打破鏡子，隔年家中就會有人離世。

灑翻鹽　鹽向來是很珍貴的佐料與食物防腐劑。本書第三章曾經提到，祝聖過的鹽在中世紀和文藝復興時期的歐洲有許多用途，至今仍然是聖公會和天主教行施洗禮時會用的聖物。直到現在，不少民衆依然相信聖鹽能驅走魔鬼。網路上可以買到祝聖過的死海海鹽，許多人用它來爲物品或場合祈福。

既然鹽如此珍貴，把鹽灑翻會帶來霉運也就不難想像了。將灑翻的鹽抓一點灑向左肩後方就可以抵銷霉運，不過這個說法的來源不是很淸楚。最常見的解釋是魔鬼（之所以是魔鬼）通常都從左後方靠近人身邊。

四葉草　這個歷史悠久的傳說最常溯源自愛爾蘭：找到四葉草就能帶來好運。而其由來似乎也很單純，三葉草到處都是，四葉草卻很少見，因此能找到自然很幸運。不過，認爲這株小小的綠色植物帶有好運，甚至有召喚運氣的力量的想法卻沒有科學根據。

手指交叉和敲木頭　這兩個動作有點特別，因爲它們和大多數迷信不同，通常會在公開場合做。如果希望某件好事發生——或某件壞事不要發生——手指交叉或敲木頭都是在表達共同的期望。手指交叉是求十字架庇護，敲木頭的由來則不清楚，但可能源自古代的樹神信仰。

馬蹄鐵　馬蹄鐵一直是貴重的建築裝飾品，通常釘在前門上方以求迎吉去凶。據傳納爾遜爵士曾在勝利號軍艦桅桿上釘了一個馬蹄鐵，以保佑艦上官兵。一位學生知道我對迷信有興趣，有次就帶了個馬蹄鐵給我，我相當得意地把它掛在辦公室牆上。

馬蹄鐵的迷信有許多解釋。有個流傳甚廣的故事與坎特伯里大主教聖鄧斯坦（約九〇九—九八八）有關，他年輕時是個鐵匠。根據傳說，曾經有個雙腳是蹄的人來找鄧斯坦，請他安馬蹄鐵，結果被鄧斯坦認出對方是魔鬼，將釘子牢牢釘進對方腳裡，痛得魔鬼大叫逃開，發誓再也不靠近門上掛有馬蹄鐵的房子。另一個說法則稱女巫怕馬——所以才選擇掃帚用飛的——因此會避開有馬蹄鐵裝飾的家。但有位學生立刻提醒我，馬蹄鐵必須開口向上擺成「U」形，否則好運就會「掉出來」。

更精細的迷信體系

剛才概略列舉的這些迷信，彼此都沒什麼關聯。其中幾個雖然和宗教儀式有關，但都是單純的迷信。接下來介紹的迷信比較龐大，有些甚至符合賈霍達的分類條件，足以稱作宇宙學或世界觀。

惡魔之眼

惡魔之眼的迷信由來已久，最早至少可以回溯到西元前七世紀的阿卡德與亞述文化。老普林尼在《自然史》裡曾經提到，巴爾幹半島的部落民族「眼睛具有懾人的力量，甚至能殺死盯著他們眼睛看的人」。直到今日，惡魔之眼的迷信仍然盛行於歐洲、中東、南亞和南美許多地區。

各地文化對惡魔之眼的說法相去甚遠，不過還是有些共同點。首先，這個迷信來自某些人單憑目光就能傷人的想法（朝你使出惡魔之眼），而動機基本上是垂涎。被害者擁有某樣貴重之物，通常是嬰兒，讓攻擊者心生嫉妒，想傷

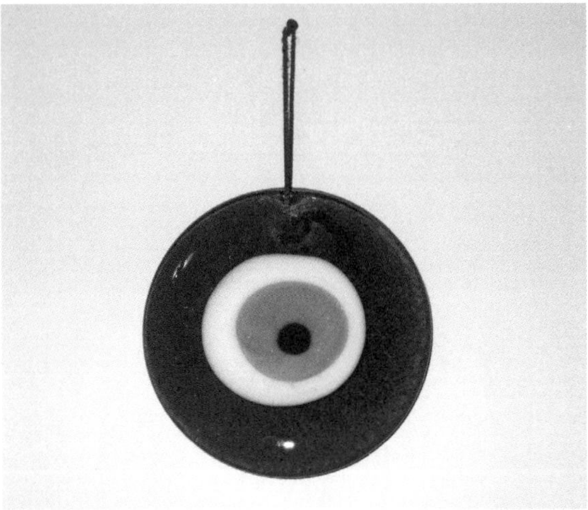

圖10｜土耳其「惡魔之眼」玻璃。

害對方或嬰兒。有些說法則稱惡魔之眼能害人生病。這種擔憂通常來自幸運之人比較可能樂極生悲，過度讚美嬰兒或某人很可能招來惡魔之眼。

反制惡魔之眼的方法就是支開目光。南亞地區的父母常在嬰兒額頭或臉頰上畫黑點，以便引開惡魔之眼。與此類似，護身符與項鍊更是因此商機無限。這類飾品往往會有眼睛圖案，據稱能將惡魔之眼的力量折回攻擊者身上。藍白兩色的土耳其惡魔之眼（nazar）玻璃經常被人拿來做成項鍊或掛在家裡（見圖10），漢薩（hamsa）之手的圖案則是掌心有眼，據傳也能抵擋惡魔之眼。義大利人的護身符則是角形墜飾（見圖11）。

義大利人只要生病或頭痛，就會聽到有人說是惡魔之眼作祟，義大利文稱作「馬洛奇歐」（malocchio）。爲了判斷身體不適是馬洛奇歐搞鬼或只是一般病痛，相信者通常會做個占卜，滴幾滴橄欖油到一小碗水裡，並低聲祈禱。如果油滴進水裡維持原狀，那就不是馬洛奇歐的問題；如果四處流

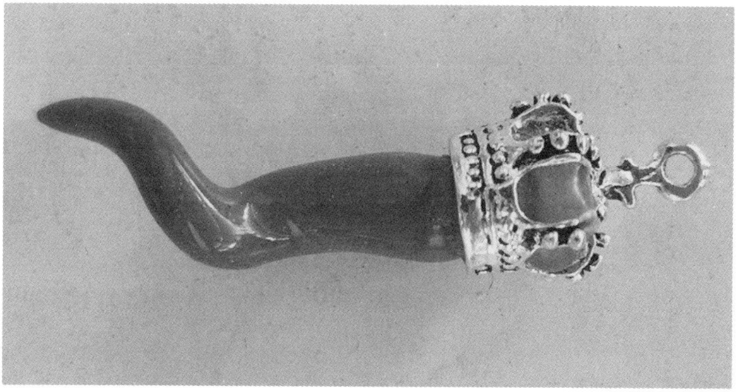

圖11｜驅趕馬洛奇歐的角墜護身符。

動，那身體不適就是馬洛奇歐害的。這時通常會撒鹽或繼續祈禱，以驅走詛咒。

占星學

前面提到，占星學是古代一種預言技法，據信起自四千年前的巴比倫，後來流傳至亞洲與歐洲。據傳馬雅人也有自己的一套占星學。占星學比各大宗教都要歷史悠久，而且發展得非常成功。西方簡單的太陽星座占星術（「你是什麼星座？」）更可說是最流行的人格理論。

西方占星學的理論根據是這樣的：一個人出生時的星辰位置將決定他的人格。黃道十二宮代表十二個太陽星座。目前占星師、電腦程式或網站都能替你繪製出更詳盡的星座命盤。中國占星術用十二種動物（十二生肖）對應一個人的農曆出生年；喬蒂莎（Jyotisha）或印度吠陀（Hindu Vedic）占星術也是用十二宮，但和西方的黃道十二宮略有不同。

儘管信仰者眾，占星學卻不受科學待見。許多研究祭出效度可信的人格量表，都無法找到人格特質與出生日期有任何關聯。此外，受試者從兩份出自星座命盤的人格描述裡認出哪一份屬於自己的機率，也和瞎猜差不多。因此，根據本書定義，占星學是迷信。當然，不少人去找靈媒、占星師或塔羅師純粹是出於好玩，但如果你相信占星術，甚至在生活或工作上仰賴它做決定，那你就是現代迷信的信徒。

順勢療法

在歐美和全球各地，順勢療法（homeopathy）都相當流行。順勢療法的發明人是德國醫師哈訥曼（一七五五—一八四三），主要有兩大原理。首先是「以同治同」：若某種藥草或物質可以使健康的人產生與某種疾病相同的症狀，那它就能治療這種疾病。其次是藥草和物質愈稀釋愈有效，這等於讓所有順勢藥方都成了安慰劑。順勢藥方裡的藥物成分通常都很低，甚至偵測不到——這有時是件好事。例如顛茄（belladonna）是從茄屬植物提煉出來的一種劇毒成分，哈訥曼本人曾經認證它是順勢藥物，至今仍然有人宣傳它能治療傷風感冒。

順勢療法之所以廣獲接受，部分要歸功於競爭對手。順勢療法十九世紀初在歐洲誕生，一八二五年抵達美國，當時的主流醫學理論主張疾病是體內四種液體——黏液、血液、黑膽汁和黃膽汁——不平衡所致。醫療者會使用各種手法促使體液恢復平衡，其中有些稱作英勇療法（heroic medicine）。這個名稱其實相當貼切，因為病人得很勇敢才承受得了。標準療法一般做法包括誘發嘔吐、腹瀉的淨化，以及可引起發熱或發汗的藥物，但最流行也最危險的英勇療法還是放血。德高望重的美國醫師兼獨立宣言簽署人若許（一七四六—一八一三）就特別愛用放血，他的病人顯然有不少因此少活了幾年。

順勢療法就是在這種時空背景下出現，因此不難想像，這個基本上無害、只有安慰劑效應的療法比英勇療法更有吸引力。演化讓智人天生就有不少防衛機制，而安慰劑效應有時會非常強大，譬如研究就顯示，抗憂鬱藥物的效果有一大部分就來自安慰劑效應。除了順勢療法，十九世紀還出現了不少較溫和的療法，最終聯手終結了英勇療法。而順勢療法的追隨者之多之廣，直到今日都不難在藥局或健康食品商店買到他們的成藥。

順勢療法和占星學一樣屬於偽科學，也就是外表像科學，背後有某種瘋狂的邏輯，但和現有的藥理學知識都不符合。更重要的是，研究始終只能證明順勢療法頂多和安慰劑一樣有效。因此，任何靠著科學外衣得來的效果都只是碰巧，相信和使用順勢療法都是一種迷信。

風水

風水是中國的地占術（geomancy），也就是根據土地樣貌與紋理來占卜，英文「feng shui」是從中文直接音譯而來。中國人相信，和地球的風與水和諧共存能帶來財富與幸福，因此會找風水師來看房子，建議住家、辦公室和公共空間應當如何興建與擺設才能增進「氣」(即氣血，傳統中國醫學的基本概念）的流動。風水起於古代的道教，深植於中國歷史與文化之中，但一九四九年中華人民共和國成立之後，政府認定風水是迷信，因此大力打壓風水師。儘管目前政府稍有放寬，但風水在中國仍然明顯不如在香港、台灣和新加坡普及。絕大多數香港人購屋前都會請風水師看過，但風水的吸引力早已遠遠擴及亞洲之外。歐美和英國現在也有許多風水師。

你可能猜到了，風水也缺乏科學根據，連「氣」的存在都找不到證據支持。因此，風水是一種非常流行的民間迷信。

以上這些迷信，只占了現代世界裡共有迷信的一小部分。本書下一章將回到個人迷信，以及那個關鍵問題：人爲何迷信？

第五章　迷信心理學

宗教審判和獵巫雖然已經成過去，但歐亞非和中東仍然有非常多地方會因爲宗教觀點不同而判人罰款、入獄，甚至處決。相比之下，在世界大部分地區，擁有所謂的迷信頂多只會被人取笑而已。儘管如此，在科學如此昌明的現代依然迷信一些東西，感覺好像有些自相矛盾。對啟蒙運動前的迷信世界而言，難題與爭議主要出在如何劃線區別可接受和不可接受的信念。如今科學成爲劃線者，將線劃在不同思維方式之間，而且線兩邊的思維方式幾乎水火不容。因此，現代人據此區別迷信與科學應該更容易才對。可是許多人每天都在越界，而且就如我們接下來會看到的，有些地方的那條線其實模糊不清——甚至到現在依然如此。

迷信的普遍程度

在研究人爲何迷信之前，或許應該先問：這個現象到底有多普遍？迷信的人有多少？他們迷信什麼？想知道答案有幾種方式，其中最好用的方法就是民調。只是民調很花錢，而且我們或許覺得迷信很有趣，民調專家卻很少碰這個主題。不過，有些資料倒是值得參考。

二〇一七年十月，眼看十三日星期五就快到了，OnePoll.com 便做了一次線上民調，對象爲英國成年人，結果發現百分之二十二的回覆者擔心那天會出事。除此之外，百分之七十的回覆者表示自己不會冒險從梯子底下走過，百分之五十二表示相信運氣。整體而言，百分之五十五的回覆者覺得自己是迷信的。

十年前的二〇〇七年，市調公司益普索莫里也和《肖特年鑑》作者肖特聯手調查英國成年人對某些信仰的看法，其中不少符合我們對迷信的定義。圖12是部分調查結果。值得注意的是，只有百分之二十二的回覆者自認迷信，比例遠低於二〇一七年 OnePoll.com 所做的調查。由於兩份調查來自不同機構，故

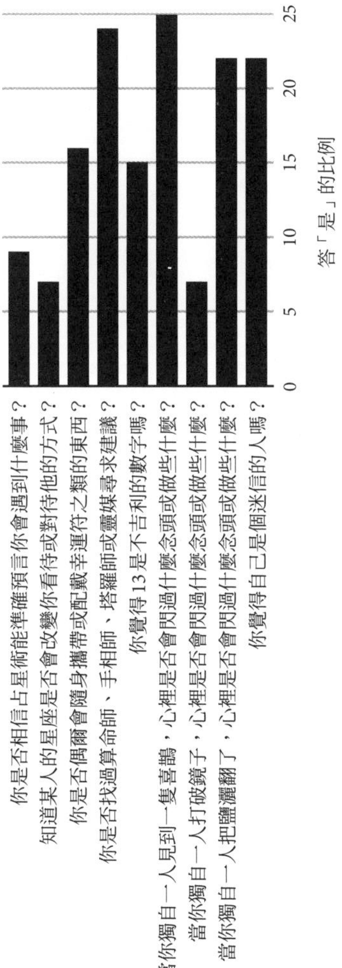
你是否相信占星術能準確預言你會遇到什麼事？
知道某人的星座是否會改變你看待或對待他的方式？
你是否偶爾會隨身攜帶或配戴幸運符之類的東西？
你是否找過算命師、手相師、塔羅師或靈媒尋求建議？
你覺得13是不吉利的數字嗎？
當你獨自一人見到一隻喜鵲，心裡是否會閃過什麼念頭或做些什麼？
當你獨自一人打破鏡子，心裡是否會閃過什麼念頭或做些什麼？
當你獨自一人把鹽灑翻了，心裡是否會閃過什麼念頭或做些什麼？
你覺得自己是個迷信的人嗎？
0
5
10
15
20
25
答「是」的比例

圖12｜2007年益普索莫里和《惠特年鑑》進行英國成年人信仰調查的部分結果。

不能據此推論迷信的人從二〇〇七至二〇一七年明顯提高。但益索普莫里的調查顯示，不少英國人相信許多常見的迷信。

英國有一首關於喜鵲的兒歌，歌詞讓人更加相信看見一隻鳥是不吉利的事。這首〈一隻喜鵲悲傷來〉已經流傳了數百年，有許多版本，目前最流行的版本如下：

一隻悲傷來
兩隻喜悅在
三隻生女娃
四隻生男孩
五隻帶銀錢
六隻送金來
七隻保祕密
永遠不傳開

傳說只要問候喜鵲：「早安，喜鵲先生，尊夫人都好嗎？」就能有效擋下霉運，但也有人在胸前畫十字或使用別的儀式。近百分之二十五的回覆者表示，如果自己一個人見到喜鵲，「心裡會閃過什麼或做些什麼」。把鹽灑翻之後會做點什麼的人也不少，通常是往左肩後方撒鹽，占所有回覆者的百分之二十二。此外，百分之九的回覆者認爲占星術能準確預言自己的未來，而「找過算命師、手相師、塔羅師或靈媒尋求建議」的人更高達百分之二十四。讀完前面幾章，我們或許以爲薩滿、巫師和占卜官是過去式了，但這些職業顯然直到現在仍舊不缺客人。

二〇一四年，哈里斯民調公司針對美國成年人對各種迷信的接受度進行調查（見圖13），結果發現最多人相信的迷信是撿到一毛錢會走好運（百分之三十三），最不普遍的迷信則是踩到縫隙會倒楣（百分之七）。二〇〇七年，《今日美國報》和蓋洛普民調針對美國成年人進行調查，結果竟然有百分之十三（！）的回覆者表示旅館房間若被安排在十三樓，他們心裡會毛毛的，百分之九的回覆者表示他們會不厭其煩地請櫃台換房間。

迷信的人口組成

性別

從上述民調中，可以看出迷信的人口組成相當類似。首先，女性比男性更迷信一點。過去研究顯示，男性更容易相信不明飛行物體和不尋常的生物（例如大腳怪）存在。至於一般傳統的迷信，相信的人往往女性比男性多。根據前面提到的OnePoll.com調查，英國女性比男性更擔心十三日星期五，比例爲百分之二十六對百分之十七。蓋洛普民調也顯示，當旅館房間被安排在十三樓，百分之十四的美國女性回覆者表示會要求換房間，反應相同的男性只有百分之五。最後，根據哈里斯民調，百分之三十七的美國女性回覆者認爲撿到一毛錢會帶來好運，看法相同的男性爲百分之二十九。這些性別差異從何而來，我們不是很清楚。有個說法是女性社會化的過程依然和男性不同；比起男性，相信

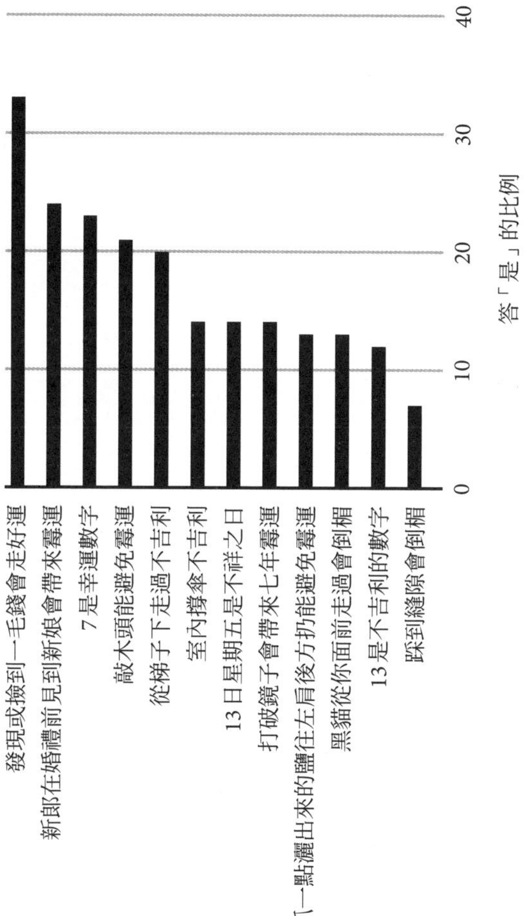

圖13｜2014年哈里斯民調公司調查美國成年人相信各種迷信的人數比例。

迷信更可能屬於女性社會適應過程的一部分。

英國心理學家魏斯曼和瓦特發現，有些迷信是充滿希望而正面的，例如四葉草，有些則是出於恐懼和負面的，例如數字十三。這項發現很重要，之前的研究者幾乎都沒留意這一點。魏斯曼和瓦特發現，比起負面迷信，人們更願意相信正面迷信。而且他們還發現，「女性比男性迷信」這個性別差異在正面迷信上特別明顯，在負面迷信上則幾乎不存在。

年齡

另一個穩定不變的趨勢就是年輕人比老人迷信。在上述OnePoll.com民調裡，十八至二十四歲的英國成年人中，有三分之二自認迷信，持同樣看法的五十五歲以上英國成年人則爲百分之五十三。哈里斯民調針對美國成年人的調查則顯示，相信某一迷信的比例會隨著回覆者年齡增加而緩緩下降，而且對大多數迷信都成立。以十三日星期五不吉利這個迷信爲例，十八至三十五歲的回覆者當中有百分之十九相信，三十七至四十八歲爲百分之十四，四十九至六十七歲爲百分之十二，六十五歲以上只剩下百分之八。也許有人認爲這和世代有關，千禧世代的生命經歷讓他們比年長者更迷信，但得出相同結果的研究實在太多，因此很有可能是我們年紀愈大愈多疑。

政治立場

似乎有證據顯示，美國自由派比保守派迷信。根據前面提到的哈里斯民調，相信七是幸運數字的回覆者中，民主黨員的比例爲百分之二十八，高於共和黨員的百分之二十和無黨派的百分之二十。

但我必須指出，民調數字在不少方面有其限制。首先，人們往往會對自己的迷信感到不好意思。除了交叉手指和敲木頭這類明顯的例外，大多數人都不大願意在別人面前展現迷信行爲，也羞於承認自己迷信。OnePoll.com的調查人員爲了化解這個問題，於是在提問裡加上一句，問受訪者「獨自一人」見到喜鵲、打破鏡子或把鹽灑翻了會怎麼做。就算問卷是匿名塡寫的，受訪者可能還是不願承認自己迷信，以致民調數字可能低估了眞實的迷信比例。

相信運氣

迷信的人往往說自己是爲了趨吉避凶，某些常見的迷信也據稱有這些效果。例如，在中國文化中認爲紅色和數字八很吉利，在西方的文化則認爲數字十三會帶來厄運。有些物品據稱是幸運符或護身符，例如四葉草和馬蹄鐵。接受這些說法的人其實都隱約抱持一種特定的運氣觀。

有些人完全不相信運氣。當你採取理性、科學的立場，就會認爲事情會在這時以這樣的方式發生，純粹出於自然的力量。然而，同樣的事情看在相信運氣的人眼中就有幾種可能。例如有些人認爲自己天生好運，事情似乎總照著他們想要的方向發展；有些人完全相反，認爲自己天生不幸。研究顯示，對相信運氣的人而言，運氣這個概念和樂觀不同，也不是隨遇而安。

除了將運氣視爲某種固有特質，有些人還認爲自己可以做些什麼來提高或削弱運氣。最後，研究顯示相信運氣，不論是天生好運、天生不幸，或是運氣是可以改變的人和迷信的人高度重疊——這點應該不令人意外。運氣和迷信是天生一對。

迷信與人格

心理學家花了不少時間研究不同人格，以及內向外向、樂於嘗新和因循守舊，還有其他心理特質會對人造成什麼影響。爲了探究這些層面，研究人員設計問卷以調查受訪者的信念、態度與行爲。目前有許多問卷或「量表」都經過完整研究，能測量主要的人格特質，有些則能用來測量迷信程度。我們接下來將會看到，根據現有研究，迷信和某些人格特質顯著相關，而這些特質往往不是我們會喜歡的。

壓力與焦慮

一戰期間，波蘭人類學家馬凌諾斯基在現今屬於巴布亞新幾內亞的初步蘭群島上生活與研究。當時的島民雖然精通農業和各種事務，卻會找法師協助以確保豐收。此外，他們也很會捕魚。馬凌諾斯基發現，危險程度不同，島民的作法儀式也會跟著不同。例如在比較安全的潟湖捕魚，只要用慣常的作法儀式就好；但在比較危險的開放海域捕魚時，儀式就會複雜許多。馬凌諾斯基據此推論，哪裡有恐懼與未知，哪裡就有法術的需求。

晚近有研究指出，外在壓力和迷信的關係與不同形態的衝突有關。一九九〇至一九九一年波灣戰爭，伊拉克於開戰頭幾週持續朝以色列發射飛毛腿飛彈。由於擔心伊拉克可能使用毒氣，許多以色列人都在家裡布置好完全密封的房間，以便在遭到攻擊時躲藏。危難當前，不少人開始相信一些跟密封房間或轟炸有關的迷信。有些人認爲，讓住家曾被飛彈擊中的人進到他們的密封房間會帶來壞運；有些人則相信，走進密封房間時最好右腳先進去。由於這些說法實在太過普遍，連主播都在電視新聞裡介紹如何實行。一位名叫基能的科學家非常聰明。他發現特拉維夫飽受飛毛腿飛彈攻擊，耶路撒冷卻似乎相安無事，於是便抓住這個千載難逢的研究機會，挨家挨戶訪問這兩座城市的居民，了解他們心裡的壓力大小和採用過哪些迷信。結果，他發現比起耶路撒冷人，特拉維夫人壓力更大，使用的迷信也更多。因此，根據馬凌諾斯基和基能，當面臨外在的不確定性與危險，迷信就更普遍。

不論特拉維夫人或初步蘭島民，他們的焦慮都來自所處環境，心理學家稱之爲**情境焦慮**。這種焦慮會因你當下面對的處境而出現或消失。至於**特質焦慮**則是和你的人格特質有關，不僅比較持久，而且各人程度不同。也有人研究過特質焦慮和迷信的關係，結果也不出所料，一個人愈焦慮就愈可能迷信。

迷信與掌控

迷信不論何時登場，幾乎都是爲了塡補需求，而這個需求往往是掌控。足球守門員、求職面試者或舞台演員遭逢的場合都是既重要又充滿不確定。他們如果知道自己一定會成功，就不需要迷信了。但守門員有時就是救不到球，求職者很多時候不會錄取，演員有時會在數百名觀衆面前講錯台詞。前面提到的運氣研究便指出，運氣能帶給相信者一種掌控感，而研究掌控的心理學家也發現，掌控和迷信其實有不少關聯。

學者表示，每個人的控制點（locus of control）不同。有些人通常覺得命運操之在己，有些人則認爲自己受命運擺弄。前者的控制點在內，自己可以負責；後者的控制點在外，自己無法掌握。有不少研究顯示，平均而言，控制點在外的人較容易迷信。對他們來說，做些什麼來掌控局面這件事很有吸引力。反觀控制點在內的人比較不需要迷信。

此外，每個人對掌控感的需求也不盡相同。基能做了另一項研究，檢視掌控感和壓力對迷信的綜合影響。他在訪問室裡詢問大學生一系列可能誘使他們敲木頭的問題，例如「你有沒有家人得肺癌？」其中半數大學生在壓力下（例如待會兒就要考試）受訪，半數在普通情境下、非考試日受訪。基能還讓受訪者填寫掌控感量表，然後分別針對掌控需求度高和需求度低的受訪者進行分析。結果他設計的問題果眞發揮了作用，讓他得出兩項結論：首先，根據波灣戰爭研究，壓力下受訪者敲木頭的次數應該高於普通情境下受訪者，結果確實如此；其次，壓力下又對掌控感有高需求的受訪者敲木頭次數最多。基能的研究顯示焦慮或壓力會帶來失去掌控感的感覺，促使人利用迷信重拾掌控。

其餘的負面特質

另外，許多研究還發現迷信跟一些不受歡迎的人格特質有關，例如憂鬱、悲觀、神經質和怕死等等。幸好這些特質雖然確實和迷信相關，相關的程度卻很輕微。換句話說，人格特質頂多只能幫我們理解爲何有些人迷信。想完整解釋迷信的成因，成長環境與思維方式也都必須納入考量。

學會迷信

許多日常迷信只屬於個人，是自己發明的行爲，而且通常不會推廣給別人。基本上，迷信行爲最初都出於巧合。運動員某次比賽前做了某個動作，發現似乎能帶來好運，於是之後每場比賽都行禮如儀。但這個動作要和法力沾上邊，運動員可能得先相信運氣是一種召喚得來的力量，然後出於巧合將動作和運氣連在一起。我們在第四章曾經提到，前美國職棒三壘手博格斯相信比賽前吃雞肉能提高打擊率。這個迷信來自他高中時期，有回賽前吃了雞肉，結果四次打擊都揮出安打。於是從那天起，博格斯每場比賽前都會吃雞肉，十七年職業生涯從不間斷。

一百多年來，心理學家不斷研究人如何解決問題，以及學習各種事物。但你或許不知道，他們也花了大量時間研究人如何學會迷信。其中最早也最知名的迷信研究，是拿鴿子當作實驗對象。美國心理學家史金納將一隻餓肚子的鴿子放進小箱子裡——後人不顧他的反對，將這個箱子稱作「史金納箱」（Skinner box）——箱子一側裝有自動餵食器，史金納設定餵食器每隔十五秒就送入飼料兩、三秒，不管鴿子做出什麼動作。起初鴿子很被動，但很快就建立一套標準動作，並開始不斷重複。相同處境下，不同的鴿子會建立起不同的動作。例如有隻鴿子反覆啄箱底某個點，有隻則是不停上下點頭。史金納稱這項實驗為「鴿子的『迷信』行為」，因為鴿子的舉動看上去就像牠們認為是自己做了那些特定動作，餵食器才會送飼料進來。史金納對此解釋，鴿子的某個隨機行為正巧遇上飼料出現，於是鴿子便不停重複該行為。這是一種意外或（以史金納本人的用語）「偶發」（adventitious）的增強作用。史金納在為這篇知名論文取名時，特地給迷信二字加了引號，因爲我們很難具體說明鴿子「相信」什麼。迷信是人類的概念，很難用在鴿子身上。

有些學者不接受史金納的迷信實驗，主張鴿子的舉動只是見到食物出現的本能行爲；有些學者則是進一步拿孩童和大學生做實驗，結果發現受試者也會產生類似的擬迷信的行爲，而且不大可能是本能反應。

衆多實驗當中，就屬小野浩一對日本大學生的研究最具戲劇效果。他請受試學生進入一間小房間，房間有一張桌子，桌上有三根拉桿，桌子前面的牆上有一面電子記分板，計分板上有一盞會亮紅綠橘三色的信號燈。小野教授告訴學生，他們任務是讓電子記分板上的分數愈高愈好。受試學生不知道拉桿和記分板之間完全沒有線路連接，而信號燈則是隨機亮出某個顏色，且和記分板出現的得分無關。和史金納的鴿子實驗一樣，小野教授事先就設好分數的出現時間，和受試學生的行爲完全無關。

果不其然，許多受試學生都會拉動拉桿，以爲能得分；而且和史金納的鴿子一樣，當受試學生做出某個動作，記分板上分數變高，那個動作通常就會固定下來。幾乎所有受試學生都會建立自己的一套拉桿方法，維持數分鐘之久。其餘的受試學生不是動作模式持續時間較短，就是再換成另一套動作。此外，有些受試學生只要信號燈亮出某個顏色，就會加快拉拉桿的速度，完全不曉得燈色與分數無關。

受試學生接受實驗時，小野就在隔壁房間用單面鏡觀察他們的行爲。根據他的紀錄，其中一名學生表現出了一連串驚人的迷信行爲：

實驗開始大約五分鐘後，那位女學生暫時停止拉拉桿，並將右手放在桌子上，這時記分板上的數字忽然往上跳。接著女學生爬到桌上，右手去碰記分板，分數再次往上跳。於是她開始輪流觸碰小房間裡的各種東西，包括信號燈、螢幕、螢幕上的釘子和牆壁等。大約十分鐘後，女學生從桌上跳下來，這時分數又往上跳，於是她立刻將動作從觸摸改成跳躍。跳了五下之後，她往上一躍，手裡拿著拖鞋去碰天花板，分數又增加了。於是她開始不停跳著去碰天花板，分數也慢慢增加，直到二十五分鐘後她才停下來，可能因為跳累了。

當然會累！人類的智力極高，能藉由嘗試錯誤解決問題更是我們成功的基礎。但我們有時也會找錯解方，將沒有關聯的事物連在一起，只是由於通常沒有大礙，所以往往會將錯誤的連結保留下來，而且如我們接下來所見，有時這種錯誤連結甚至大有幫助。

迷信思維

所以，當你養成迷信行爲——不論是出於別人教導或自己發現的幸運儀式——是什麼讓你繼續重複這樣的行爲？是什麼讓博格斯吃了十七年的雞肉？認知心理學家專門研究人如何推理與思考。過去幾十年來，他們發現了不少常見的偏誤與盲點，會導致我們推理失準，有些正好可以解釋迷信行爲。其中一個很有名的盲點就是**確認偏誤**。我們只要接受某個想法或信念，記憶與行動就會受它影響。這點在人們擁有強烈的政治價值觀時特別明顯，連新聞解讀都會因此偏頗。此外，人天生喜歡尋找能強化自身觀點的資訊，同時容易忘記或記錯與其觀點相左的資訊。

心理學還有一個類似的概念，叫作幻覺相關（illusory correlation）。我們在推斷兩件事是否有關聯時，常常忘了考慮所有相關事實。迷信的人往往只記得迷信管用的時候，忘了沒用迷信也成功或用了迷信卻不成功的情形。以博格斯爲例，我們無從判斷吃雞肉管不管用，因爲他比賽前沒有一次不吃雞肉。

還有一件事也別忘了，那就是博格斯打擊非常強，曾經三度榮膺美聯打擊王，並入選棒球名人堂。因此，我們也不能怪他認爲吃雞肉管用。事實上，研究人員發現在學校運動員中，愈厲害的選手，迷信行爲愈多。這可能有兩個原因。首先，假設你表現出色，是隊上明星，那就更有輸不得的壓力，而我們之前提到，恐懼是迷信的一大誘因。反觀二線的板凳球員擔心的事就少了。其次，當你表現出色，迷信看上去就顯得很管用。即使和你表現好無關，但只要你繼續堅守迷信，繼續表現良好，就沒有證據指出你的迷信是錯的。

控制錯覺

我們太想掌控局面，有時就算沒有也覺得有。我們有太多場合與情況想掌控局勢，可現實卻不允許。當然，我們還是會去試，有時還是會覺得事情在我們掌控之中。有一個經典的實驗，找來大學生進行念力研究。實驗者要他們將注意力集中在一枚骰子上，試圖用念力讓它翻面。只要骰子翻面，實驗者就會問受試者有多相信翻面是他們造成的。實驗者安排受試者將骰子往漏斗裡擲，讓骰子滾進箱中，從外面看不見，以確保受試者的信心程度不受前次投擲的結果影響。其中一個版本的實驗，每次會有兩位受試者，一位主動參與，負責將骰子擲進漏斗，另一位只在旁邊看。儘管骰子的滾動完全隨機，不受任何人影響，但比起純粹旁觀的學生，擲骰子的受試者對自己控制結果的能力更有自信。

另一項研究中，實驗者發現比起控制點「在外」的受試者，控制點「在內」的受試者對自己控制骰子的能力更有自信。因此，綜合控制點與控制錯覺的研究，我們可以這樣說，當人無力左右事物時，迷信會給他某種掌控感。光是做點什麼，不論是配戴幸運首飾、交叉雙指或敲木頭，都可以提供我們亟需的控制錯覺。不論結果是好是壞，光是迷信能讓自己感覺對事情有所掌控，或許就足以讓人延續迷信行爲。

不敢不信邪

還有一項研究也很有意思，那就是人對不信邪，或說對厄運的恐懼。不少學生因爲想進某所大學，會先買那所學校的衣服來穿。可是有一種說法，如果你在收到學校錄取通知前就穿上那所學校的衣服，可能反而不會被錄取。曾經有實驗者讓受試者讀一則報導，報導中提到有一名叫強恩的年輕人正在等史丹佛大學研究所的申請結果，這時收到母親寄來的史丹佛T恤，因爲她相信兒子會錄取。半數受試者讀到強恩將衣服收進抽屜裡的版本，另外一半則是讀到強恩隔天就穿了那件T恤。當被問到強恩收到史丹福錄取通知的機率有多高，讀到他穿上T恤的受試者給出的機率值明顯偏低。不信邪眞的會出事——至少那些受試者認爲如此。

就是因爲不信邪會出事，不少以色列女性才願意乖乖掏錢避開厄運。猶太人流傳一則迷信，父母親應該等小孩出生後再布置嬰兒房。因此，以色列有不少大型百貨公司接受顧客先買好嬰兒家具，等小孩出生再送到家裡，其他家具就沒有類似優惠。根據報導，有近五成的新手家長使用這種先買後送的服務。實驗者曾經找來一群懷孕的以色列女性，請她們填寫一份關於超自然現象與迷信（但沒有提到嬰兒房迷信）的問卷，然後擲銅板決定她們獲得現金或嬰兒家具作爲獎勵。但在擲銅板之前，實驗者會先問受試者，她們比較想得到價值三千新謝克爾（約合八百六十元美元）的嬰兒家具禮券，還是某個金額（零到三千新謝克爾）的現金。不過，這裡有個陷阱。實驗者對半數受試者說，如果獲得禮券，家具選好會立刻送到家中，但對另外半數受試者說，家具選好不必立刻送，最長可延後一年。結果顯示，相信嬰兒房迷信並選現金的女性當中，家具必須立刻送達組選擇可以接受的金額，比可延後送達組的金額低了許多；而且這個現象在處於懷孕後期的女性身上特別明顯。

這些對厄運的迷信都來自我們對結果可能不同而有的擔心。大學沒錄取或孕事不順本來就讓人難以接受，如果是因爲傲慢（例如在錄取前穿上學校T恤）

或不遵守社會習俗（例如在嬰兒出生前布置家具）而出事，那就更不應該了，根本是雪上加霜。因此，穿不穿大學T恤或要不要先買好嬰兒家具，都取決於我們有多害怕出事。此外，由於出事的下場（至少在大學T恤的例子）早就一清二楚，使得旁觀者往往認爲學生愈是不信邪，愈有可能出事。

迷信有益或有害？

了解完迷信數千年來的演變，以及讓它得以維繫數千年而不墜的心理因素之後，我們或許可以暫時停下來思考一個問題：「迷信對我們有好處嗎？」有關這個問題更大的社會與文化意涵，我想留到第六章再談。但就個人而言，迷信能延續至今，就足以說明我們肯定從中獲得了什麼。

在我們往下討論之前，有件事必須先講明白，那就是魔法並不存在。沒有證據顯示迷信能對自然世界的任何事物產生因果作用。從占星學、順勢療法、手相到比賽前吃雞肉，都缺乏充分實證表明它們管用，也沒有證據顯示十三日星期五或黑貓不吉利。因此，不論迷信對我們是好是壞，效果肯定來自法力以外的因素。

本章稍早提到，建立並維持迷信和迷信行爲的途徑很多，只要具備某些成長背景與性格，又恰巧遇到某些情況，就容易養成迷信。但迷信行爲的價值何在就是另一回事了。人的行爲有利有弊，習慣則有好有壞，那迷信呢？

在商業世界，研究顯示產品如果跟好運迷信沾上邊，通常會得到較好的評價。但從消費者的立場來看，這件事是好是壞，得看個人的經濟狀況。迷信有個比較明顯的缺點，從賭博和相信運氣之間的關係就能看得出來。想知道一個人會不會沉迷賭博，最好的預測指標就是這人衝不衝動。但相信運氣也是指標，賭博成癮者相信運氣的比例比非成癮者高。此外，賭博成癮者的控制錯覺也比較強。他們比非成癮者更相信自己有能力控制賭博的結果。因此，對運氣與掌控抱有迷信，很可能激發自毀性的賭博行爲。無情的統計數據也告訴我們，假如你因爲相信運氣與掌控而決定在賭桌前多坐一會兒，多半只會輸錢而歸。

控制錯覺通常可以視爲一種對當前局勢的誤判。假設你在賭場擲骰子，骰子會出現幾點完全是隨機現象，但有些賭客相信只要改變擲骰子的方式，就能控制結果，例如想擲出小點數就小力一點，想擲出大點數就大力一點。做出這種行爲就表示賭客認爲擲骰子有技巧，多少可以由他控制。這當然是錯的。擲骰子是最早的亂數產生器，最早可以回溯到占卜術，如抽籤或抓鬮。同樣的道理，賭輪盤或吃角子老虎也是隨機事件，完全不受掌控，卻被許多人認爲是技巧問題。

然而，迷信不僅用於隨機現象，也經常用在求職面試、劇場演出和體育競賽，這些都確實蘊含技巧。因此，就算迷信沒有法力，用在需要技巧的活動裡是否仍然確實有好處？迷信在這裡比較可能生效，因爲它發揮的效果可能是心理上的。我們知道壓力和焦慮會誘發迷信，如果迷信行爲能減緩焦慮，或許就能提升表現。

說來各位可能會覺得意外，但目前沒有多少證據支持這個假說。比較有望的一個研究來自二〇一〇年，德國科隆大學的研究團隊做了一個簡單的實驗，讓受試者在實驗室裡將一顆高爾夫球放進杯子裡。實驗者遞出球時，對其中半數受試者說「這是你要用的球」，對另外半數受試者說「這顆球是本日的幸運球哦」。實驗者之前已經做過調查，受試者中有將近八成相信運氣。結果說也奇妙，幸運球組的受試者將球放進杯裡的成功率遠高於另一組。研究團隊又做了其他實驗，似乎證明了迷信能提高自信，提升人在技能活動的表現。有意思的是，之前竟然沒有人發表過類似研究，展示迷信的正面效果，這使得高爾夫球實驗一發表立刻造成轟動——直到後來有人重做了這項實驗。二〇一四年，美國多明尼克大學的研究團隊進行了一場規模更大、程序更嚴謹的高爾夫球實驗，結果發現幸運球組的表現和對照組的表現沒有區別。

或許有人會想，實驗結果不同是因爲德國和美國受試者有文化差異，但多明尼加大學研究團隊非常謹慎，連受試者中相信運氣的人數比例也和原始實驗相同。因此，結論就是沒有定論。迷信可以提高自信，進而提升技能表現，這個假設聽起來還是很合理，只可惜截至我撰寫本書之時，依然沒有確切證據支持這個假設。不過，希望仍在。

迷信常出現在空檔時間。演員和運動員上場前往往必須等待，而建立儀式就像唸咒，可以幫助他們定下心來。英國傳奇搖滾樂團齊柏林飛船主唱普蘭特登台前會邊燙襯衫邊喝茶，據他表示這個儀式能讓他「進入狀態」。許多運動員或表演者都會將這些儀式稱作「規矩」，不去強調它們的神奇效力，但看在旁人眼中，顯然就像魔法。

二〇一六年，布魯克斯等人對儀式的心理效應做了研究。他們首先進行線上調查，了解一般來說有多少人會在體育競賽或求職面試等重要活動前進行儀式。百分之四十六的回應者表示自己在這些情況下會有儀式動作，其中又有百分之二十二的人說他們的儀式動作包含迷信的成分，例如敲木頭或交叉雙指。布魯克斯等人接著進行數個實驗。受試者來到實驗室後，得知自己稍後將執行一件頗有壓力的任務，例如在實驗者面前唱旅行者合唱團的名曲〈不停相信〉，或完成一些引人焦慮的數學難題。實驗者要求部分受試者在唱歌或解題前先進行一套儀式動作：

請大聲緩緩從零數到十，再從十數到零。你必須大聲說出每個數字，並且同時在面前的白紙上寫下那個數字。整張紙都可以用。數完後在紙上撒鹽，然後將紙揉成一團並扔進垃圾桶。

所有在唱歌或解題前做出儀式動作的受試者，焦慮值都比較低，表現也比較出色：唱歌組被卡拉ＯＫ機記下的錯誤較少，解題組答對的題數較多。布魯克斯等人的研究清楚證明了儀式能降低焦慮，進而提升表現。有趣的是，同樣的一套動作，當實驗者告訴受試者的說法是，這串行動「沒什麼規則可言」，受試者的焦慮與表現就毫無變化，但只要用「儀式」來形容，受試者的焦慮就會降低，表現就會提升。因此，我們至少有證據顯示，儀式性的迷信行爲能提升技能表現。儘管研究指出眞正發揮作用的是儀式，而不是迷信，但只要這類儀式性的迷信行爲確實帶來效果，使用者就可能繼續採用。

迷信綿延不絕，是因爲它可能具有心理效益，這話說來言之成理。儘管截至目前支持這個說法的實證研究並不多，但布魯克斯的迷信研究算是不無進展，至少就儀式而言是如此。有些超自然信仰和迷信重疊，但研究顯示這類信仰對幸福感與收入的影響恰恰相反。例如一項針對日本成年人的大型調查就發現，愈相信超自然現象的人，幸福感愈高，這點和其他研究的發現一致：有宗教信仰的人比無信仰的人更快樂。然而，日本這項研究也指出超自然信仰者的收入也明顯較低。

至於占星學這套較複雜的信仰系統，有證據顯示多數人都將它當成一種應對手段。芬蘭學者利奎斯特和林德曼調查了報名基礎占星學、心理學和德語課的成人教育班學生，結果發現比起心理學和德語班的學生，占星學班的學生近期遇到重大難關的次數明顯較多。不僅如此，連心理學和德語班上比較相信占星學的學生，他們遇到重大難關的次數也比同班同學多。假如這些學生求助占星，是因爲它能帶來安定的力量，那麼這就符合之前提到的調查結果，美國千禧世代比之前的世代更少宗教信仰，更受占星學吸引。

沒有證據顯示占星學能爲身心困頓的人提供精神慰藉，方才提到的日本研究也不足以推論因果。但這些研究似乎顯示，當超自然信仰或迷信被當作一般的應對手段，其結果（頂多）有好也有壞。有些迷信明顯有害，例如出於恐懼的迷信，我就看不出任何好處。或許它們曾經滿足了前人的需求，解釋某些壞事爲何發生，但我認爲再也不要傳播黑貓、數字十三和惡魔之眼的迷信，這世界會好得多。因爲你只要聽過這些說法，遇到這些東西時就會被迫陷於兩難，至少我就不想面對這種選擇。

有些迷信可能傷害更大。例如之前提到，賭博成癮者比一般人更相信運氣；另外其他形式的迷信也可能代價不菲。電話和線上靈媒按分鐘計費，上門者往往爲了他們那子虛烏有的能力而付出可觀花費。此外，選擇順勢療法和其他非科學療法以替代傳統科學藥物的人也有不小風險。二〇一二年，一名罹患腦膜炎的十九個月大男童不幸離世，原因是家長讓他接受自然療法持續兩週，直到小孩停止呼吸才緊急送醫。有些迷信行爲確實有害，不過純就簡單的效益評估而言，絕大多數的常見迷信都相對便宜無害。而且儘管證據偏弱，這些常見迷信或許有助於減輕焦慮，滿足人所需要的掌控感。

第六章 迷信的未來

研究迷信

人們長久以來對迷信著迷，而且此一興趣短期內不會消失。談論迷信、魔法、巫術及唯靈論歷史的書與文章還會不斷面世，關於迷信的過去也還有太多東西可以挖掘。其實，迷信根本沒有過去。啟蒙運動已經結束兩百多年，魔鬼學依然活得好好的。二〇一九年五月，梵諦岡有史以來首度開班授課，教人如何替異教徒驅魔。人依然相信魔鬼存在，驅魔師依然使用聖物與禱告對抗魔鬼。迷信的漫長歷史還在繼續。

近幾年來，研究迷信的心理學家和社會學家愈來愈多。除了測量迷信的問卷開始出現不同語言的版本，不久前還有人動用到核磁共振（MRI），發現受試者憑運氣做決定時，大腦右額葉會有一小塊區域變得更加活躍。不過，目前最熱門的研究主題，還是要屬迷信對消費者選擇的影響。究其原因，很可能是中國消費者市場急遽成長。因此，這方面的研究應該還會持續下去。

我們之前就曾提到，紅色產品在中國市場評價較高，商品標價往往多用八、少用四。不吉利的旅館樓層與房號也有人研究。過去有調查顯示，風水會影響住宅區房價，但亞洲商業大樓的設計通常也會考慮風水，以維持企業形象。違反風水的大樓可能引來不必要的注意。比方說，貝聿銘設計的香港中國銀行大廈就曾遭風水師批評，三角形的玻璃牆面「有問題」。這些都顯示風水會是未來迷信研究的主題。

不過，不是所有消費者迷信研究都以亞洲市場爲根據。例如，研究人員就曾使用各式各樣的迷信，希望能提高顧客對賭場的忠誠度。二〇一六年，百利博奕公司申請過一項專利，他們設計的角子機可以接收玩家的迷信動作，例如在滾輪轉動時用手指敲打螢幕，並給出各式回饋。最近一份針對美國運動市場的研究也指出，球迷如果抱有和球隊有關的迷信，對比賽的感受會比較正面——就算球隊輸球也不例外。

這些研究鎖定的讀者可能是商務或行銷人士。例如，最近一項針對香港旅館顧客的研究指出，中國顧客比西方顧客更在意樓層或房號不吉利。作者還做出非常明確的建議：

如果可以，我們建議旅館將吉利的樓層或房號（八或結尾為八的數字）安排給獨自出差的年輕中國商務旅客，尤其是看上去苦惱或心情不好（例如班機延誤）的旅客。

同樣地，前面提到的美國運動市場研究也指出，運動組織只要讓支持者產生迷信，支持者就會更投入。賺錢確實是強大的誘因，不過這些研究也引來一些道德爭議。不論這些社會科學家是否有意，消費者迷信研究很可能鼓勵市場內外的不理性行爲。自由市場體系對銷售假產品與假服務幾乎毫不設限。靈媒和算命師公然宣傳他們並未擁有的能力，亞馬遜和Etsy.com上全是咒語套組、幸運馬蹄鐵與四葉草的網購連結。在美國，只要去藥房就能買到順勢療法的成藥，包裝上完全沒註明其中根本不含任何有效成分。只要有錢可賺，有些人根本不在乎自己是在鼓勵不理性行爲，而除了少數例外，政府往往不願意管制市場。不理性能賺錢，理性只好閃邊站。這就讓我們不得不談到迷信對文化層面更大的影響。

迷信與社會

說起迷信的未來，有一點幾乎可以肯定，那就是它永遠會與我們同在。讓泰奧弗拉斯托斯筆下的迷信者每天要用三道泉水淨身才開啟一天的那股心理力量，就跟現代人握著幸運小雕像玩賓果或查詢心儀對象的星座沒有兩樣。儘管比起古人，人類文明發展至今，現代生活已經少了許多不確定，可是人生仍然有無數的重大事件不受我們控制；只要還存在著不確定，魔法就不愁沒生意。

不過，我們還是可以問：未來的迷信會是什麼模樣？

對於迷信，我們往往既愛又恨。當被問到爲何轉發連環信時，《費城詢問報》編輯弗爾曼這麼回答：「你知道，我這樣做不是因爲迷信，而是不想倒楣。」這種感覺很普遍。一般人通常覺得迷信很蠢、不理性，卻還是姑且用之，「我可不想碰運氣。」當我們爲了草莓乳酪蛋糕左右爲難，知道最好別碰，卻又很想吃的時候，心裡面對的就是類似的糾結。關於迷信，美國心理學家萊森曾經提出一個理論。她認爲人的心智有兩個運作系統，一個是反應迅速的直覺系統，一個是深思熟慮的理性系統。當迷信出現在腦中，我們的直覺系統很想聽從，理性系統卻想糾正直覺，拒絕魔法思維。但人往往會默許直覺腦，和弗爾曼一樣向迷信投降。只要發現今天是十三日星期五，就算知道這是缺乏根據的迷信，可能還是決定最好別動股票。

根據萊森的理論，人對迷信會有三種反應，其中一種會像上述有既愛又恨的情緒，另外兩種沒有。首先，有些人從來不認爲迷信是個選項。他們是理性主義者，社會化的過程中比較少接觸到迷信的世界，因此始終沒有養成迷信直覺。與之完全相反的，是眞心相信的那些人，他們心裡也沒什麼糾結。這些人或許知道不該大聲宣揚自己的迷信，但除此之外，他們心裡沒有半點爲難，因爲他們的理性腦從來不會插手。他們想也不想就會做點什麼，以防惡魔之眼發威。最後一種人是萊森提到的默許者。這些人介於前兩類人之間，雖然理性上知道魔法不存在，卻順從直覺，不會在每月十三日出遊或約門診。

站在社會的角度，我們毋須太過擔心理性至上派或默許者，因爲他們都以理性爲本，就算有時順從迷信直覺，也不會完全放棄理性。眞要說的話，眞心相信迷信的人才需要我們擔心。如同先前所言，有些迷信可能代價不菲，可能很危險。但眞心相信迷信的人會帶來另一種威脅。關鍵不在他們迷信什麼，而在其背後的思維。

我們一開始就提到，迷信是個相對的概念，本身沒有固定意義，總是相對於某個更爲人所接受的世界觀而存在。今天較多人接受的世界觀，主要來自不斷累積的科學知識。但就如我們先前所見，潮流是會變的。智人花了幾千年才撞見科學發展所需的邏輯與證據系統，誰也不敢說這套系統會永遠稱雄。心理學家平克在《再啟蒙的年代》書裡主張，最近幾百年來，人類生活品質顯著提升，不僅一般地方，全球各地都是如此。戰爭與疾病帶來的貧窮和死亡消失殆盡，預期壽命、經濟穩定與幸福感也不斷提升。不僅如此，平克認爲這些改變都要歸功於啟蒙價值，也就是理性、科學與人文主義。但我們就算認同平克的結論，還是得務實地問：社會必然會持續進步嗎？現代民主制度是啟蒙思想的偉大體現，問世至今也不過三百年。在此之前，世界是由全然的集權所統治。就在我撰寫本書的當下，威權主義與反民主價值正於歐美兩地捲土重來。即使啟蒙理念深具吸引力，全世界仍然有許多地方由宗教教條主義主宰。民主制度持續擴張並非必然的發展。

改善現代生活的種種知識，如今看來正面臨威脅，證據顯示專家的地位不再——科學家亦是如此。例如，醫學界幾乎一致同意，疫苗對許多疾病的消失居功厥偉，也大大提高了人類的預期壽命。從麻疹、白喉、水痘、德國麻疹、小兒麻痺到百日咳，許多傳染病我們早已忘了它們曾經猖獗一時。然而，少數人出於缺乏根據的恐懼，認爲童年接種疫苗可能引發自閉症，結果導致民眾對疫苗信心下降，許多富裕國家的接種率下滑。二〇一八年，一項針對歐盟國家的民調發現，歐盟有十二個會員國疫苗接種率下降，受訪的瑞典成年人當中只有百分之五十六點五認爲麻疹、腮腺炎、德國麻疹混合疫苗是安全的。麻疹原本於二〇〇〇年在美國宣告消失，如今又再度出現，截至二〇一九年四月已經有六百九十五個通報案例，包括從紐約和密西根疫苗接種率低的正統猶太教社群中爆發的疫情。二〇一二年，美國百日咳案例高達四萬八千兩百七十七人，創下一九五五年以來的新高。

氣候變遷可說是當代最急迫的問題之一，但在美國更像是政治爭論，而非科學議題。對於氣候變遷，科學界同樣具有高度共識，全球暖化確有其事，而且至少有部分是人爲造成。然而，是否相信此說卻因政治立場而有相當巨大的差異。二〇一八年美國蓋洛普民調發現，「全球暖化是由人類活動造成」的說法有百分之八十九的民主黨員贊同，只有百分之三十五的共和黨員接受。

諷刺的是，網路是如今日常生活中最耀眼的科學之作，卻也是傳播假資訊，混淆眞相與空話的幫兇。迷信絕大部分時間都無傷大雅，不會造成什麼傷害，甚至有心理上的好處。身爲科學與理性價值的推崇者，我不會鼓勵沒有迷信的人嘗試迷信。但要是未來迷信仍在，我懷疑它眞正的價值反而是預告問題的發生。

或許有人會說，科學也只是一套信念體系，基本上跟過去趕走迷信與魔法的宗教體系沒有不同。這種論述沒有抓到重點。科學是發現眞理的一組方法，這才是最恰當的描述。誠如薩根所言，「科學方法是一套反覆使用證實有效的方法。它並不完美，只是目前也沒有更好的選項。放棄科學方法，放棄它的懷疑法則（skeptical protocols），只會重回黑暗時代。」和組織化宗教不同，科學不是教條也不獨斷。舊想法常被證實爲誤，而爲新知識所取代。此外，不論我們信或不信，自然界就像科學所揭示的那樣始終如一。然而，一旦有太多人拋棄科學思維，否定科學家累積的知識，我們就可能失去啟蒙運動帶來的好處。屆時，迷信蔓延只不過是這個更根本問題的反映而已。就算我們擁有再多的科學果實，只要放棄以理性與證據解決社會問題，就可能退回過去的殘酷世界。

倫理與消費者研究：Stuart Vyse, 'Superstition, Ethics, and Transformative Consumer Research', *Journal of the Association for Consumer Research* 3(4) (2018): 582–90.

順從直覺：Jane L. Risen, 'Believing What We Do Not Believe: Acquiescence to Superstitious Beliefs and Other Powerful Intuitions', *Psychological Review* 123(2) (2016): 182–207.

日本對超自然現象信仰的研究：Shoko Yamane, Hiroyasu Yoneda, and Yoshiro Tsutsui, 'Is Irrational Thinking Associated with Lower Earnings and Happiness?' *Mind & Society*, no. 0123456789 (2019).

歐盟疫苗信心調查：Heidi Larson, Alexandre de Figueiredo, Emilie Karafillakis, and Mahesh Rawal, 'The State of Vaccine Confidence in the EU: 2018', European Union (2018).

蓋洛普民調全球暖化調查：'Global Warming Concern Steady Despite Some Partisan Shifts.' Gallup.com. 28 March 2018. <https://news.gallup.com/poll/231530/global-warming-concern-steady-despite-partisan-shifts.aspx>.

薩根引用：Public Broadcasting Service, 'NOVA: Kidnapped by Aliens', 27 February 1996. Available at: <https://youtu.be/ yr10Tt68Cu4>.

Events', *European Psychologist* 3(3) (2004): 202–8.

儀式：Alison Wood Brooks, Juliana Schroeder, Jane L. Risen, Francesca Gino, Adam D. Galinsky, Michael I. Norton, and Maurice E. Schweitzer, 'Don't Stop Believing: Rituals Improve Performance by Decreasing Anxiety', *Organizational Behavior and Human Decision Processes* 137 (2016): 71–85. The quoted ritual is from p. 80.

死於腦膜炎孩子的父母：Meghan Grant, 'Parents' Convictions in Son's Meningitis Death Upheld by Alberta Appeal Court', CBCnews, 16 November 2017. <https://www.cbc.ca/news/canada/calgary/david-collet-stephan-meningitis-death-son-failure-provide-necessaries-appeal-1.4402665>.

第六章——迷信的未來

核磁共振研究：Li Lin Rao, Yu Zheng, Yuan Zhou, and Shu Li, 'Probing the Neural Basis of Superstition', *Brain Topography* 27(6) (2014): 766–70.

風水與企業形象：William Li Chang, 'Using Feng Shui to Create a Positive Corporate Reputation', *Corporate Reputation Review* 12(1) (2009): 43–51.

賭場忠誠度：Daniel A. Guttentag and Mark E. Havitz, 'Superstition as a Personal Moderator in the Development of Commitment and Loyalty to and within Casinos', *Leisure/Loisir* 34(1) (2010): 1–25.

迷信角子機：Bryan M. Kelly, Martin S. Lyons, Stephen E. Patton, and Daniel Savage, 'Superstitious Gesture Enhanced Gameplay System', US Patent 9,415,307, issued 16 August 2016.

運動粉迷信：Brendan Dwyer, Mark A. Slavich, and Jennifer L. Gellock, 'A Fan's Search for Meaning: Testing the Dimensionality of Sport Fan Superstition', *Sport Management Review* 21(5) (2018): 533–48.

香港飯店研究：Stephen Pratt and Ksenia Kirillova, 'Are Hotel Guests Bothered by Unlucky Floor or Room Assignments?', *International Journal of Hospitality Managemen*t 83 (June 2018): 83–94. Quote is from p. 92.

史金納的迷信實驗：B. F. Skinner, '"Superstition" in the Pigeon', *Journal of Experimental Psychology* 38(2) (1948): 168–272.

小野對大學生的迷信實驗：Koichi Ono, 'Superstitious Behavior in Humans', *Journal of the Experimental Analysis of Behavior* 47(3) (1987): 261–71. The description of the jumping participant is from p. 265.

控制錯覺：Oren Griffiths, Noor Shehabi, Robin A. Murphy, and Mike E. Le Pelley, 'Superstition Predicts Perception of Illusory Control', *British Journal of Psychology* 110(3) (2018): 499–518.

骰子翻面與控制錯覺：Victor A. Benassi, Paul D. Sweeney, and Gregg E. Drevno, 'Mind over Matter: Perceived Success at Psychokinesis Victor', *Journal of Personality and Social Psychology* 37(8) (1979): 1377–86.

厄運與不信邪：Ya'akov Bayer, Bradley J. Ruffie, Ze'ev Shtudiner, and Ro'i Zultan, 'Costly Superstitious Beliefs: Experimental Evidence' (2018), SSRN. <https://ssrn.com/abstract=3148047> or <http://dx.doi.org/10.2139/ssrn.3148047>; Jane L. Risen and Thomas Gilovich, 'Why People Are Reluctant to Tempt Fate', *Journal of Personality and Social Psychology* 95(2) (2008): 293–307.

幸運色與產品評估：Thomas Kramer and Lauren Block, 'Conscious and Nonconscious Components of Superstitious Beliefs in Judgment and Decision Making', *Journal of Consumer Research* 34(6) (2008): 783–93.

幸運高爾夫球的研究及複製：Robert J. Calin-Jageman and Tracy L. Caldwell, 'Replication of the Superstition and Performance Study by Damisch, Stoberock, and Mussweiler (2010)', *Social Psychology* 45(3) (2014): 239–45.

超自然信仰與商業效益：Shoko Yamane, Hiroyasu Yoneda, and Yoshiro Tsutsui, 'Is Irrational Thinking Associated with Lower Earnings and Happiness?', *Mind & Society*, no. 0123456789 (2019).

占星術作爲一種應對手段：Outi Lillqvist and Marjaana Lindeman, 'Belief in Astrology as a Strategy for Self-Verification and Coping with Negative Life-

第五章——迷信心理學

OnePoll.com 13日星期五調查：'Casumo—Bad Luck Holiday'. Drench Design. Accessed <https://www.drench-design.com/project/casumo-bad-luck-holiday/>.

益普索莫里信仰調查：'Survey on Beliefs'. Ipsos MORI. <https://www.ipsos.com/ipsos-mori/en-uk/survey-beliefs>.

哈里斯民調美國迷信信仰調查：'Avoid Black Cats? Walk Around Ladders? Are Americans Superstitious?' The Harris Poll, 27 February 2014. <https://theharrispoll.com/new-york-n-y-february-27-2014-do-you-walk-around-a-black-cat-or-always-throw-spilled-salt-over-your-shoulder-just-how-common-are-beliefs-in-certain-superstitions-many-americans-grew-up-hearin/>.

蓋洛普民調對13樓房間的態度調查：Joseph Carroll, 'Thirteen Percent of Americans Bothered to Stay on Hotels' 13th Floor'. Gallup.com, 15 March 2007. <https://news.gallup.com/poll/26887/thirteen-percent-americans-bothered-stay-hotels-13th-floor.aspx>.

積極與消極的迷信：Richard Wiseman and Caroline Watt, 'Measuring Superstitious Belief: Why Lucky Charms Matter', *Personality and Individual Diflerences* 37(8) (2004): 1533–41.

運氣信仰：Peter R. Darke and Jonathan L. Freedman, 'The Belief in Good Luck Scale', *Journal of Research in Personality* 31(31) (1997): 486–511.

迷信與人格：Stuart Vyse, *Believing in Magic: The Psychology of Superstition*, updated edition, (Oxford University Press, 2014).

基能對壓力與迷信信仰的研究：Giora Keinan, 'Effects of Stress and Tolerance of Ambiguity on Magical Thinking', *Journal of Personality and Social Psychology* 67(1) (1994): 48–55; Giora Keinan, 'The Effects of Stress and Desire for Control on Superstitious Behavior', *Personality and Social Psychology Bulletin* 28(1) (2002): 102–8.

1974); Stuart Vyse, *Believing in Magic: The Psychology of Superstition*, updated edition, (Oxford University Press, 2014), 22–7.

猶他州的迷信：Anthon Steffensen Cannon, Wayland Debs Hand, and Jeannine Talley (eds), *Popular Beliefs and Superstitions from Utah* (University of Utah Press, 1984).

數字 13：Nathaniel Lachenmeyer, *13: The Story of the World's Most Popular Superstition* (Thunder's Mouth Press, 2004).

惡魔之眼：Allan S. Berger, 'The Evil Eye—An Ancient Superstition', *Journal of Religion and Health* 51(4) (2012): 1098–103; Pliny the Elder quote: Pliny the Elder, *The Natural History*, ed. John Bostock and H. T. Riley, VII, 2. <http://www.perseus.tufts.edu/ hopper/text?doc=Perseus:text:1999.02.0137:-book=7:chapter=2>.

占星學：Nicholas Campion, Outi Lillqvist, and Marjaana Lindeman, 'Belief in Astrology as a Strategy for Self-Verification and Coping with Negative Life-Events', *European Psychologist* 3(3) (2004): 202–8; Alyssa Jayne Wyman and Stuart Vyse, 'Science versus the Stars: A Double-Blind Test of the Validity of the NEO Five-Factor Inventory and Computer-Generated Astrological Natal Charts', *Journal of General Psychology* 135(3) (2008): 287–300.

順勢療法：E. Ernst, 'A Systematic Review of Systematic Reviews of Homeopathy', *British Journal of Clinical Pharmacology* 54 (2002): 577–82; David M. Shaw, 'Homeopathy Is Where the Harm Is: Five Unethical Effects of Funding Unscientific "Remedies"', *Journal of Medical Ethics* 36(3) (2010): 130–1.

風水與「氣」：Steven C. Bourassa and Vincent S. Peng, 'Hedonic Prices and House Numbers: The Influence of Feng Shui', *International Real Estate Review* 2(1) (1999): 79–93; Eric W. K. Tsang, 'Superstition and Decision-Making: Contradiction or Complement?' *Academy of Management Executive* 18(4) (2011): 92–104.

唯靈論報刊《光之旌旗》：Ann Braude, *Radical Spirits: Spiritualism and Women's Rights in Nineteenth-Century America* (Indiana University Press, 2001), 25–9; Arthur Conan Doyle, *The History of Spiritualism*, vol. 1 (The Psychic Bookshop, 1926).

唯靈論與通靈術：A. B. Morrison, *Spiritualism and Necromancy* (Hitchcock and Walden, 1873).

史威登堡：Arthur Conan Doyle, *The History of Spiritualism*, vol. 1 (The Psychic Bookshop, 1926).

梅斯默：Douglas J. Lanska and Joseph T. Lanska, 'Franz Anton Mesmer and the Rise and Fall of Animal Magnetism: Dramatic Cures, Controversy, and Ultimately a Triumph for the Scientific Method', in Harry Whitaker, Christopher Upham Murray Smith, and Stanley Finger (eds), *Brain, Mind and Medicine: Essays in Eighteenth-Century Neuroscience* (New York: Springer, 2007), 301–20; Régine Plas, 'Psychology and Psychical Research in France around the End of the 19th Century', *History of the Human Sciences* 25(2) (2012): 91–107.

詹姆士的心靈研究：Krister Dylan Knapp, *William James: Psychical Research and the Challenge of Modernity* (UNC Press Books, 2017).

穆勒與靈體攝影：Clément Chéroux, Pierre Apraxine, Andreas Fischer, Denis Canguilhem, and Sophie Schmit, *The Perfect Medium: Photography and the Occult* (Yale University Press, 2005), 20–8.

迷信 vs. 宗教：Euan Cameron, *Enchanted Europe: Superstition, Reason, and Religion 1250–1750* (Oxford University Press, 2010), 303–10 (Voltaire quote from p. 306); David Hume, *Essays, Moral and Political* (printed by R. Fleming and A. Alison for A. Kincaid, 1741–2), vol. 1, 141–51.

迷信 vs. 精神疾病：Peter Brugger and Isabelle Viaud-Delmon, *Dialogues in Clinical Neuroscience* 12(2) (2010): 250–3.

迷信的定義：Gustav Jahoda, *The Psychology of Superstition* (Jason Aronson,

Wars 1562–1598 (Bloomsbury Publishing, 2014); Cathal J. Nolan, *The Age of Wars of Religion, 1000–1650: An Encyclopedia of Global Warfare and Civilization* (Greenwood Publishing Group, 2006).

克拉馬、斯普蘭格、《女巫之槌》與莫利托：Michael David Bailey, *Magic and Superstition in Europe: A Concise History from Antiquity to the Present* (Rowman & Littlefield, 2007), 136–40.

女巫審判死亡人數估計：Anne Llewellyn Barstow, *Witchcraze: A New History of the European Witch Hunts* (Pandora, 1994), 22–3.

對女巫審判現象的解釋：Peter T. Leeson and Jacob W. Russ, 'Witch Trials', *The Economic Journal* 128 (613) (2017): 2066–105.

卡斯特利奧、塞爾維特與加爾文，以及引述自《反對加爾文法案》：Bruce Gordon, 'To Kill a Heretic: Sebastian Castellio against John Calvin', in Geoff Kemp (ed.), *Censorship Moments: Reading Texts in the History of Censorship and Freedom of Expression* (Bloomsbury, 2015), 55–62.

科學革命：Keith Thomas, *Religion and the Decline of Magic: Studies in Popular Beliefs in Sixteenth and Seventeenth-Century England* (Penguin UK, 2003), 769–74.

戈狄：Imogen Foulkes, 'Europe's Last Witch-hunt', BBC News, 20 September 2007. <http://news.bbc.co.uk/2/hi/programmes/ from_our_own_correspondent/7003128.stm>.

挑戰除魅：Richard Jenkins, 'Disenchantment, Enchantment and Re-Enchantment: Max Weber at the Millennium', *Max Weber Studies* 1 (2000): 11–32.

第四章——現代世界的迷信

福克斯姊妹：Ann Braude, *Radical Spirits: Spiritualism and Women's Rights in Nineteenth-Century America* (Indiana University Press, 2001), 10–25; Krister Dylan Knapp, *William James: Psychical Research and the Challenge of Modernity* (UNC Press Books, 2017), 26–38.

阿格里帕：George H. Daniels, Jr, 'Knowledge and Faith in the Thought of Cornelius Agrippa', *Bibliothèque d'Humanisme et Renaissance* 26(2) (1964): 326–40.

史坦茵：Alessandra Stanley, 'A Jew's Odyssey from Catholic Nun to Saint', *The New York Times*, 11 October 1998.

聖克里斯多福與聖若瑟、聖水與聖體：Michael David Bailey, *Magic and Superstition in Europe: A Concise History from Antiquity to the Present* (Rowman & Littlefield, 2007); Keith Thomas, *Religion and the Decline of Magic: Studies in Popular Beliefs in Sixteenth and Seventeenth-Century England* (Penguin UK, 2003).

祝聖蠟塊：Euan Cameron, *Enchanted Europe: Superstition, Reason, and Religion 1250–1750* (Oxford University Press, 2010), 57.

尋找寶藏：Keith Thomas, *Religion and the Decline of Magic: Studies in Popular Beliefs in Sixteenth and Seventeenth-Century England* (Penguin UK, 2003), 279–82.

愛情咒語與算命：Michael D. Bailey, Fearful Spirits, *Reasoned Follies: The Boundaries of Superstition in Late Medieval Europe* (Cornell University Press, 2013); Keith Thomas, *Religion and the Decline of Magic: Studies in Popular Beliefs in Sixteenth and Seventeenth-Century England* (Penguin UK, 2003), 282–4.

新教對天主教儀式的看法：Euan Cameron, *Enchanted Europe: Superstition, Reason, and Religion 1250–1750* (Oxford University Press, 2010), 196–208; Helen Parish, '"Lying Histories Fayning False Miracles": Magic, Miracles and Mediaeval History in Reformation Polemic', *Reformation & Renaissance Review* 4(2) (2002): 230–40; Keith Thomas, *Religion and the Decline of Magic: Studies in Popular Beliefs in Sixteenth and Seventeenth-Century England* (Penguin UK, 2003), 58–67.

歐洲宗教戰爭與西班牙宗教裁判所：Robert Jean Knecht, *The French Religious*

History from Antiquity to the Present (Rowman & Littlefield, 2007), 69–70.
洛泰爾二世與忒薇佳：Stuart Airlie, 'Private Bodies and the Body Politic in the Divorce Case of Lothar II', *Past and Present* 161 (1998): 3–38.
饑荒與瘟疫：Ole Jørgen Benedictow, *The Black Death, 1346–53: The Complete History* (Boydell & Brewer, 2004); Ian Kershaw, 'The Great Famine and Agrarian Crisis in England 1315–1322', *Past and Present* 59 (May 1973): 3–50.
《糖果屋》：Neil Gaiman, *Hansel and Gretel* (Toon Books, 2014), 52–3.
格拉提安與宗教裁判所：Michael D. Bailey, 'Concern over Superstition in Late Medieval Europe', The Religion of Fools? Superstition Past and Present 199 (suppl. 3) (2008): 115–33.
聖殿騎士團與巴弗滅：Michael David Bailey, *Magic and Superstition in Europe: A Concise History from Antiquity to the Present* (Rowman & Littlefield, 2007), 121.
聖殿騎士團與13日星期五：Nathaniel Lachenmeyer, *13: The Story of the World's Most Popular Superstition* (Running Press, 2004).
巫術與女巫審判：Michael David Bailey, *Magic and Superstition in Europe: A Concise History from Antiquity to the Present* (Rowman & Littlefield, 2007), 119–40.

第三章——迷信的世俗化

費奇諾與赫密士魔法：Frances A. Yates, 'The Hermetic Tradition in the Renaissance', in Charles Singleton (ed.), *Art, Science, and History in the Renaissance* (The Johns Hopkins Press, 1968), 255–74.
米蘭多拉：Michael David Bailey, *Magic and Superstition in Europe: A Concise History from Antiquity to the Present* (Rowman & Littlefield, 2007), 186–8; Frank L. Borchardt, 'The Magus as Renaissance Man', *Sixteenth Century Journal* 21(1) (1990): 57–76.

(Loeb Classical Library, 1928). <http://penelope.uchicago.edu/Thayer/E/Roman/Texts/Plutarch/ Moralia/De_superstitione*.html>.

西塞羅論迷信：S. A. Smith, 'Introduction', *Past and Present* 199 (suppl. 3) (2008): 7–55; Marcus Tullius Cicero, trans. H. Rackham, *De natura deorum; Academica* (Harvard University Press, 1933), 113.

第二章——迷信的宗教內涵

猶太教與異教儀式：Michael David Bailey, *Magic and Superstition in Europe: A Concise History from Antiquity to the Presen*t (Rowman & Littlefield, 2007), 41.

克理索論耶穌作爲魔術師：Dale B. Martin, *Inventing Superstition: From Hippocratics to the Christians* (Harvard University Press, 2004), 144–5.

小普林尼「墮落、無節制的superstitio」和塔西佗論尼祿和基督徒：Dale B. Martin, *Inventing Superstition: From Hippocratics to the Christians* (Harvard University Press, 2004), 2–4.

克理索 vs. 俄利根：Stephen Benko, *Pagan Rome and the Early Christians* (Indiana University Press, 1984), 117–19; Dale B. Martin, *Inventing Superstition: From Hippocratics to the Christians* (Harvard University Press, 2004), 140–86.

馬特爾努斯 vs. 馬特爾努斯：Michele R. Salzman, '"Superstitio" in the "Codex Theodosianus" and the Persecution of Pagans', *Vigiliae Christiana*e 41(2) (1987): 172–88.

奧古斯丁：Asher Ovadiah and Sonia Mucznik, 'Deisidaimonia, Superstitio and Religio: Graeco-Roman, Jewish and Early Christian Concepts', *Liber Annuus* 64 (2014): 417–40.

《迷信小錄》: S. A. Smith, 'Introduction', *Past and Present* 199 (suppl. 3) (2008): 7–55.

天氣魔法：Michael David Bailey, *Magic and Superstition in Europe: A Concise*

參考資料

第一章——迷信的由來

《易經》占卜與六爻屯卦：Hellmut Wilhelm (ed.), *The I Ching or Book of Changes* (Princeton University Press, 1997), 16–20.

古埃及魔法：Geraldine Pinch, *Magic in Ancient Egypt*, revised edition (University of Texas Press, 2010).

畢達哥拉斯的魔力：Daniel Ogden, Magic, *Witchcraft, and Ghosts in the Greek and Roman Worlds: A Sourcebook*, 2nd edition (Oxford University Press, USA, 2009), 9–13.

古埃及醫學：Geraldine Pinch, *Magic in Ancient Egypt*, revised edition (University of Texas Press, 2010), 133–6.

束縛咒語：Christopher A. Faraone, 'The Agonistic Context of Early Greek Binding Spells', in Christopher A. Faraone and Dirk Obbink (eds), *Magika Hiera: Ancient Greek Magic and Religion* (Oxford University Press, 1991), 3–32.

巴斯詛咒鉛板的翻譯：D. R. Jordan, 'Curses from the Waters of Sulis', *Journal of Roman Archeology* 3 (1990): 437–41.

論「*deisidaimonia*」和「*superstitio*」：Richard Gordon, 'Superstitio, Superstition and Religious Repression in the Late Roman Republic and Principate (100BCE–300CE)', *Past and Present* 72 (suppl. 3) (2008): 72–94.

泰奧弗拉斯托斯引用：Hugh Bowden, 'Before Superstition and After: Theophrastus and Plutarch on Deisidaimonia', *Past and Present* 199 (suppl. 3) (2008): 57.

蒲魯塔克論無神論者和迷信者：Plutarch, 'On Superstition' (*De superstitione*)

edge and Why it Matters (Oxford University Press, 2017).
Paul A. Offit, *Deadly Choices: How the Anti-Vaccine Movement Threatens Us All* (Basic Books, 2015).
Steven Pinker, *Enlightenment Now: The Case for Reason, Science, Humanism, and Progress* (Penguin Books, 2019).

versity Press, 2005).

Arthur Conan Doyle, *The History of Spiritualism*, vol. 1 (The Psychic Bookshop, 1926).

Harry Houdini, *A Magician among the Spirits* (Cambridge University Press, 2011, originally published in 1924).

Krister Dylan Knapp, *William James: Psychical Research and the Challenge of Modernity* (University of North Carolina Press Books, 2017).

Nathaniel Lachenmeyer, *13: The Story of the World's Most Popular Superstition* (Thunder's Mouth Press, 2004).

Harry Whitaker, Christopher Upham, Murray Smith, and Stanley Finger (eds), *Brain, Mind and Medicine: Essays in Eighteenth-Century Neuroscience* (Springer Science & Business Media, 2007).

第五章——迷信心理學

Bruce M. Hood, *The Science of Superstition: How the Developing Brain Creates Supernatural Beliefs* (Harper Collins, 2010).

Gustav Jahoda, *The Psychology of Superstition* (Aronson, 1974).

Bronislaw Malinowski, *Argonauts of the Western Pacific* (Routledge, 1922/2013).

Michael Shermer, *Why People Believe Weird Things: Pseudoscience, Superstition, and Other Confusions of our Time* (Macmillan, 2002).

Eugene Subbotsky, *Magic and the Mind: Mechanisms, Functions, and Development of Magical Thinking and Behavior* (Oxford University Press, 2010).

Stuart Vyse, *Believing in Magic: The Psychology of Superstition*, updated edition, (Oxford University Press, 2013).

Richard Wiseman, *The Luck Facto*r (Arrow, 2004).

第六章——迷信的未來

Tom Nichols, *The Death of Expertise: The Campaign Against Established Knowl-*

Bronze Lamellae: Part I. Published Texts of Known Provenance (Springer-Verlag, 2014).

S. A. Smith and Alan Knight, *Religion of Fools? Superstition Past and Present*, Past & Present Suppl. 3 (Oxford University Press, 2008).

第三章——迷信的世俗化

Anne Llewellyn Barstow, *Witchcraze: A New History of the European Witch Hunts* (Pandora, 1994).

Euan Cameron, *Enchanted Europe: Superstition, Reason, and Religion 1250–1750* (Oxford University Press, 2010).

Jason A. Josephson-Storm, *The Myth of Disenchantment: Magic, Modernity, and the Birth of the Human Sciences* (University of Chicago Press, 2017).

Christopher I. Lehrich, *The Language of Demons and Angels: Cornelius Agrippa's Occult Philosophia*, vol. 119 (Brill, 2003).

Brian P. Levack (ed.), *The Oxford Handbook of Witchcraft in Early Modern Europe and Colonial America* (Oxford University Press, 2013).

Helen Parish (ed.), *Superstition and Magic in Early Modern Europe* (Bloomsbury, 2015).

Steven Pinker, *The Better Angels of our Nature: A History of Violence and Humanity* (Penguin, 2011).

Keith Thomas, *Religion and the Decline of Magic: Studies in Popular Beliefs in Sixteenth and Seventeenth-Century Englan*d (Penguin UK, 2003).

第四章——現代世界的迷信

Ann Braude, *Radical Spirits: Spiritualism and Women's Rights in Nineteenth-Century America* (Indiana University Press, 2001).

Clément Chéroux, Pierre Apraxine, Andreas Fischer, Denis Canguilhem, and Sophie Schmit, *The Perfect Medium: Photography and the Occult* (Yale Uni-

Dale B. Martin, *Inventing Superstition* (Harvard University Press, 2009).

Jon D. Mikalson, *Ancient Greek Religion* (John Wiley & Sons, 2009).

Solomon Alexander Nigosian, *The Zoroastrian Faith: Tradition and Modern Research* (McGill-Queen's Press-MQUP, 1993).

Daniel Ogden, *Magic, Witchcraft, and Ghosts in the Greek and Roman Worlds: A Sourcebook* (Oxford University Press, 2009).

Geraldine Pinch, *Egyptian Mythology: A Guide to the Gods, Goddesses, and Traditions of Ancient Egypt* (Oxford University Press, 2004).

Geraldine Pinch, *Magic in Ancient Egyp*t, revised edition, (University of Texas Press, 2010).

James B. Rives, *Religion in the Roman Empire* (Wiley-Blackwell, 2006).

Richard Rutt, *The Book of Dhanges (Zhouyi): A Bronze Age Document Translated and with Introduction and Notes* (RoutledgeCurzon, 2002).

Hellmut Wilhelm (ed.), *The I Ching or Book of Changes* (Princeton University Press, 2011).

第二章——迷信的宗教內涵

Michael David Bailey, *Magic and Superstition in Europe: A Concise History from Antiquity to the Present* (Rowman & Littlefield, 2007).

Karl Josef Heidecker, *The Divorce of Lothar II: Christian Marriage and Political Power in the Carolingian World* (Cornell University Press, 2010).

Charles Warren Hollister and Judith M. Bennett, *Medieval Europe: A Short History* (McGraw-Hill Humanities/Social Sciences/Languages, 2001).

Naomi Janowitz, *Magic in the Roman World: Pagans, Jews and Christians* (Routledge, 2002).

John Kelly, *The Great Mortality: An Intimate History of the Black Death, the Most Devastating Plague of All Time* (HarperCollins Publishers, 2005).

Roy Kotansky, *Greek Magical Amulets: The Inscribed Gold, Silver, Copper, and*

延伸閱讀

迷信事典與百科全書

Rudi Brasch and Li Brasch, *How Did it Begin? The Origins of our Curious Customs and Superstitions* (MJF Books, 2006).

Brian Copenhaven (ed.), *The Book of Magic: From Antiquity to the Enlightenment* (Penguin Classics, 2017).

Harry Oliver, *Black Cats & Four-Leaf Clovers: The Origins of Old Wives' Tales and Superstitions in our Everyday Lives* (Penguin, 2010).

Iona Archibald Opie and Moira Tatem Opie (eds), *A Dictionary of Superstitions* (Oxford University Press, 1989).

Richard Webster, *The Encyclopedia of Superstitions* (Llewellyn Worldwide, 2012).

第一章——迷信的由來

Sarah Allan, *The Shape of the Turtle: Myth, Art, and Cosmos in Early China* (SUNY Press, 1991).

James Diggle (ed.), *Theophrastus: Characters: Cambridge Classical Texts and Commentaries*, revised edition, vol. 41 (Cambridge University Press, 2004).

Christopher A. Faraone and Dirk Obbink (eds), *Magika Hiera: Ancient Greek Magic and Religion* (Oxford University Press on Demand, 1997).

John G. Gager (ed.), *Curse Tablets and Binding Spells from the Ancient World* (Oxford University Press, 1999).

Naomi Janowitz, *Magic in the Roman World: Pagans, Jews and Christians* (Routledge, 2002).

普蘭特 Plant, Robert
〈最高的希望〉Summis Desiderantes Affectibus
〈無神論者宣言〉An Atheist Manifesto
腓力四世 Philip IV
萊俄斯 Laius
萊森 Risen, Jane
費奇諾 Ficino, Marsilio
《費城詢問報》*The Philadelphia Inquirer*
塔西佗 Tacitus
塞爾維特 Servetus, Michael
奧古斯丁 Augustine
《奧德賽》*Odyssey*
聖十字德蘭本篤 St Teresa Benedicta of the Cross
聖亞加大主日 St. Agatha's Day
聖殿騎士團 Knights Templar
葛羅斯 Gross, Paul R.
詹姆士 James, William
賈霍達 Jahoda, Gustav
路德，馬丁 Luther, Martin
道金斯 Dawkins, Richard
雷曼 Lehman, Ari
福勒 Fowler, William
《與天界相連的生命》*De Vita Coelitus Comparanda*
蒲魯塔克 Plutarch
赫密士・特里斯梅吉司托斯 Hermes Trismegistus
《赫密士文集》*Corpus Hermeticum*
赫爾 Hull, Clark
《駁占星學》*Disputationes Adversus Astrologiam Divinatricem*
德芙拉克 Dvorak, Ann
德莫萊 Jacques de Molay
《數學》*Mathesis*
《論洛泰爾皇帝與忒薇佳皇后離婚》*De Divortio Lotharii Regis e Theutbergae Reginae*
《論神聖疾病》*On the Sacred Disease*
〈論迷信〉On Superstition
〈論迷信與狂熱〉Of Superstition and Enthusiasm
《論基督教教義》*De Doctrina Christiana*
鄧斯坦 Dunstan
穆勒 Mumler, William
《糖果屋》*Hansel and Gretel*
《錯誤的世俗宗教》*De Errore Profanarum Religionum*
戴維斯，貝蒂 Davis, Bette
薩根 Sagan, Carl
魏斯曼 Wiseman, Richard
蘇利斯－米娜瓦神殿 Temple to Sulis-Minerva
蘇埃托尼烏斯 Suetonius

《光之旌旗》*The Banner of Light*
《再啟蒙的年代》*Enlightenment Now*
《同柴失足恨》*Three on a Match*
因克瑪 Hincmar
安東尼女士 Anthony, Susan B.
百利博奕公司 Bally Gaming, Inc.
米蘭多拉 Mirandola, Giovanni Pico Della
老普林尼 Pliny the Elder
《自然史》*Natural History*
《行爲實驗分析期刊》*Journal of the Experimental Analysis of Behavior*
《西發里亞和約》 The Peace of Westphalia
西塞羅 Cicero
佛萊辛 Freising
克拉馬 Kramer, Heinrich
克勒孟五世 Clement V
克理索 Celsus
克隆，海蒂 Klum, Heidi
利奎斯特 Lillqvist, Outi
《吸血鬼伯爵德古拉》*Dracula*
《坎特伯里故事集》*The Canterbury Tales*
坎農 Cannon, Anthon
希波克拉底 Hippocrates
希波城 Hippo Regius
希鈞斯 Hitchens, Christopher
忒薇佳 Theutberga
李維 Levitt, Norman
沃爾姆斯 Worms
沙可 Charcot, Jean-Martin
肖特 Schott, Ben
《肖特年鑑》Schott's Almanac
邦德 Bond, Elijah
依諾增爵八世 Innocent VIII
初步蘭群島 Trobriand Islands
帕維亞 Pavia
所羅門聖殿騎士團 the Knights of the Temple of Solomon
拉美西斯二世 Ramses II
拉胥梅耶 Lachenmeyer, Nathaniel
林肯夫人瑪麗・陶德 Todd Lincoln, Mary
林德曼 Lindeman, Marjaana
《歧異教規整合》*Concordia discordantium canonum*
波尼法爵八世 Boniface VIII
《波斯人》*The Persians*
波瑟芬妮 Persephone
《金枝》*The Golden Bough*
阿戈巴德 Agobard
阿卡德 Akkadian
阿格里帕 Agrippa von Nettesheim, Heinrich Cornelius
阿爾布雷希特 Albrecht
俄利根 Origen Adamantius
哈里斯 Harris, Sam

名詞對照表

〈一隻喜鵲悲傷來〉*One for Sorrow*
《九十五條論綱》*Ninety-Five Theses*
《九百論題》*900 Theses*
〈人類的迷信行爲〉Superstitious Behavior in Humans
《十三》*13: The Story of the World's Most Popular Superstition*
《十三日星期五》*Friday, the Thirteenth*
《十三號星期五》*Friday the 13th*
《上帝之城》*De Civitate Dei*
《女巫之槌》*Malleus Maleficarum*
《女巫和占卜女》*De Lamiis et Pythonicis Mulieribus*
小野浩一 Koichi Ono
〈不停相信〉Don't Stop Believin'
丹尼特 Dennett, Daniel
《五七七拉丁聖騎士法典》*Codex Palatinus Latinus 577*
《今日美國報》*USA Today*
《反對加爾文法案》*Contra Libellum Calvini*
《反對克理索》*Contra Celsum*
巴弗滅 Bophomet
戈狄 Göldi, Anna
加里森 Garrison, William Lloyd
加爾文 Calvin, John
加爾默羅聖衣修會 Carmelite
卡斯特利奧 Castellio, Sebastian
卡魯 Carew, Rod
史杜威夫人 Stowe, Harriet Beecher
史坦茵 Stein, Edith
史金納 Skinner, B. F.
史威登堡 Swedenborg, Emanuel
布查德 Burchard
布朗黛兒 Blondell, Joan
布雷德 Braid, James
布魯克斯 Brooks, Alison Wood
布蘭登堡 Brandenburg
平克 Pinker, Steven
弗雷澤爵士 Sir James George Frazer
弗爾曼 Foreman, Gene
瓦特 Watt, Caroline
瓦爾德拉姐 Waldrada
《生命三書》*De Vita Libri Tres*
《伊底帕斯王》*Oedipus Rex*
伊斯諾弗萊特王后 Queen Isetnofret
伊塞克湖 Lake Issyk Kul

左岸｜心靈 372

迷信：牛津非常短講 010

Superstition: A Very Short Introduction

作　　者　史都華・維斯 Stuart Vyse
譯　　者　賴盈滿

總 編 輯　黃秀如
責任編輯　孫德齡
特約編輯　張茎芳
校　　對　劉佳奇、劉書瑜
企畫行銷　蔡竣宇
封面設計　日央設計
內文排版　宸遠彩藝

出　　版　左岸文化／遠足文化事業股份有限公司
發　　行　遠足文化事業股份有限公司（讀書共和國出版集團）
　　　　　231 新北市新店區民權路 108-2 號 9 樓
電　　話　（02）2218-1417
傳　　真　（02）2218-8057
客服專線　0800-221-029
E-Mail　rivegauche2002@gmail.com
左岸臉書　https://www.facebook.com/RiveGauchePublishingHouse/
團購專線　讀書共和國業務部　02-22181417 分機 1124

法律顧問　華洋法律事務所　蘇文生律師
印　　刷　呈靖彩藝有限公司
初　　版　2024 年 2 月
定　　價　340 元
I S B N　978-626-7209-89-9（平裝）
　　　　　978-626-7209-81-3（EPUB）
　　　　　978-626-7209-80-6（PDF）

國家圖書館出版品預行編目(CIP)資料

迷信：牛津非常短講. 10
史都華　維斯（Stuart Vyse）著；賴盈滿譯.
——初版——新北市：左岸文化出版：遠足文化事業股份有限公司發行, 2024.02
196面；14x20公分. ——(左岸心靈；372)
譯自：Superstition: a very short introduction.
ISBN 978-626-7209-89-9(平裝)
1. CST: 迷信
298　　113000120